效率手册

②沟通高手

EFFICIENCY MANUAL

于木鱼 周冰冰 陶辞◎著

台海出版社

图书在版编目（CIP）数据

效率手册 . 2, 沟通高手 / 于木鱼，周冰冰，陶辞著
. -- 北京：台海出版社，2021.10
ISBN 978-7-5168-3161-8

Ⅰ . ① 效… Ⅱ . ① 于… ② 周… ③ 陶… Ⅲ . ① 人际关
系 — 手册 Ⅳ . ① C912.11-62

中国版本图书馆 CIP 数据核字（2021）第 201504 号

效率手册 . 2, 沟通高手

著　　者：于木鱼　周冰冰　陶　辞

出 版 人：蔡　旭　　　　　　　　封面设计：仙　境
责任编辑：赵旭雯　魏　敏　高惠娟

出版发行：台海出版社
地　　址：北京市东城区景山东街 20 号　邮政编码：100009
电　　话：010-64041652（发行，邮购）
传　　真：010-84045799（总编室）
网　　址：www.taimeng.org.cn/thcbs/default.htm
E - m a i l：thcbs@126.com

经　　销：全国各地新华书店
印　　刷：旭辉印务（天津）有限公司
本书如有破损、缺页、装订错误，请与本社联系调换

开　　本：880 毫米 ×1230 毫米　　　1/32
字　　数：310 千字　　　　　　　　印　张：15
版　　次：2021 年 10 月第 1 版　　　印　次：2021 年 12 月第 1 次印刷
书　　号：ISBN 978-7-5168-3161-8

定　　价：149.80 元（全 3 册）

前　言
PREFACE

　　20 世纪 40 年代，美国流行一种观念，"口才、金钱、原子弹"是世界上生存与发展的三大利器。经过第三次科技革命，人们又将这三件利器改为"口才、金钱、电脑"。可见说话对我们的发展有多么重要的作用。而在现代社会中，人单单只有口才已经不够了，还需要懂沟通、会表达、擅社交。

　　沟通表达水平的高低不只是决定个人的发展，甚至可以决定一个国家的存亡。中国自古以来都是一个善于说服和沟通的国家，纵观历史，中国的沟通高手层出不穷。比如春秋战国时，郑国老臣烛之武凭三寸不烂之舌劝退秦师，让郑国逃过灭顶之灾。三国时的诸葛亮舌战群儒，建立起"联吴抗曹"的统一战线，最终打败曹军。若是烛之武和诸葛亮的沟通表达能力弱的话，他们的国家能幸免于难吗？

　　沟通绝不是那些大人物，比如政治家、外交家才需要具备的能力，而是每个普通人都需要具备的基础能力，无论你的职业是销售员还是文员，你都需要和同事、领导以及客户打交道，沟通能力就是你展现自己的最好方式。抛开职业因素，就连日常生活中，我们和朋友相处、买东西砍价等，也是需要一定的沟通技巧的。

随着社会的发展，许多公司对懂沟通、会表达、擅社交型的人才的需求越来越高，甚至要求原本从事幕后工作的人也要来到台前表达。卡耐基先生说："一个人的成功，约有15%取决于知识和技能，85%取决于沟通——发表自己意见的能力和激发他人热忱的能力。"很多专业能力强而沟通、社交能力弱的人会感叹："之前我只关注专业技术，忽略了沟通，没想到会沟通的人那么受人喜欢，受领导重视。"因为若没有好的沟通能力，即使你专业能力再强也很难彰显出来。

现代人在沟通上的问题层出不穷，不敢开口说话，说话容易得罪人，逻辑不清，不懂得拒绝，缺少幽默感，开会即兴发言不知所措，等等。正是因为很多人都有类似的问题，所以如果我们能提高沟通能力，这将成为我们的一项非常具有竞争力的优势。尤其是在职场中，很多公司都会把员工的沟通、表达等能力纳入考察指标，甚至决定一个人的职业发展。

这是一本通俗易懂的工具书，可以随时随地翻阅。本书从"敢开口""会赞美""会幽默""会拒绝""会表达"5个方面帮你全方面掌握提升沟通能力的知识点，不管是亲朋好友、同事、领导还是业界"大咖"之间的人际交往，我们在书中都有相关的指导。

相比枯燥的方法论类的书，本书中有大量的人物故事和场景案例，你可以从中了解到很多有影响力的成功人士拥有优秀的沟通表达能力的秘诀，学习多种场景下沟通的恰当方式和实操方案，从而获得直接、快捷、有效的帮助。

当然，并不是几句话就能体现沟通能力真正的作用，这个过程需要你自己不断地实践和总结，从而逐渐掌握说话的技巧。而且，进行沟通能力训练的同时，你也在进行思维能力的训练，日积月累，你就会看到自身显著的进步。

希望这本书能够帮助你打开真正会说话、懂沟通的大门，让你开始真正理解沟通高手的含义，并运用书中的方法技巧和案例素材，为自己的工作助力，为人生加码。

目 录 |

敢开口：这样说话，一开口就赢了

会赞美：这样夸，人人都喜欢你

会幽默：有趣的灵魂，和任何人都聊得来

 Part **4**

会拒绝：学会说"不"，人生更自由

Part ⑤

会表达：所谓情商高，就是会说话

Part1

敢开口：这样说话，一开口就赢了

从小我们学语言，老师都会告诉我们要敢开口。敢开口是我们学习语言的第一步，也是我们人与人之间沟通的第一步。如果有话不敢言说，那沟通根本无法开始，因为人与人之间进行沟通最重要的媒介就是语言。

谷歌台湾工程研究所所长简立峰曾面试过一群年轻人，这些人的学历、素质都很高，但是他们的沟通能力和其专业能力非常不符，这让简立峰非常惊讶。在这个"沟通至上"的时代，不少企业都有这样的感叹，年轻的职场工作者常常不敢说、不爱说。

明明有实力，却说不出来，这是为什么呢？很多人只注重自己的专业能力，而忽略了承载专业能力重要的输出窗口——沟通能力，这才导致有话说不出、表达不清、人际关系不好等问题。那么，怎样才能让你在沟通中敢于先开口，并且一开口就能赢呢？

本章从告别社交恐惧、和领导沟通、会见客户三个方面，详细讲解了人们该如何在各种场合做到敢开口。日常生活中见到熟人怎么打招呼，怎么开口找熟人帮忙，甚至怎么接触到"大咖"，等等，这些我们都可以在下文中学习到相应的沟通技巧和话术。职场中和老板谈升职加薪也需要良好的沟通技巧，和客户谈生意、谈合作，沟通更是决定成败的重要因素之一。

因此，当你接着往下读的时候，你可以一边看案例，一边思考在实际经验中，自己该如何运用这些提升沟通能力的方法和技巧。只有学以致用，我们才能真正提升自己的有效沟通能力，而不是读完就了事，那样很难有所帮助。

01 ｜告别社交恐惧，有办法

随着社会的发展，我们不难发现，性格相对外向和善于交际的人越来越受重视，而性格相对内向，不愿意主动与人交往的人，往往在社会中不被关注。据调查，很多性格相对内向的人都表示自己不是不想与人交往，更多的是因为自己在与人交往中有一种恐惧感，也就是我们常常提到的社交恐惧。见到熟人能躲就躲，不敢主动打招呼，在朋友聚会中不知道说什么，存在感很低，见到地位比自己高的人，不知道如何表现能够让对方记住自己。这些往往都限制了性格相对内向的人的发展。

其实，性格内向并不是缺点，而是人们不同的特点罢了。社交恐惧几乎是每一个人都会遇到的问题，只不过是在不同阶段出现而已，很多名人也曾承认自己有过社交恐惧。其实，社交恐惧可以调整，告别社交恐惧并不难。

1. 人人都有社交障碍

英国化学家、物理学家卡文迪许，被誉为自牛顿以后最杰出的英国科学家，同时也是一名有严重社交恐惧症的科学家。

卡文迪许几乎不参加任何社交活动，唯一参加的一个活动是由英国一些著名自然学家举办的理工生聚会。但卡文迪许在聚会上一句话也不说，只是一个人待着。仰慕卡文迪许能力的人如果想与他交流，只能走到他旁边，但是要对着另一个方向，向着空气说出自己的问题。如果卡文迪许听到了问题，就会小声地把自己的观点说出来，像是自言自语一样。卡文迪许不仅在外面与人交往时如此小心翼翼，回家之后也是惜字如金，就连从小一直照顾他的家仆，他也从不与之说话，甚至看见女家仆都会脸红。当他有什么事非得和家仆说的时候，他通常会采用递纸条的方式，而且同样惜字如金。

我国某项调查研究显示，将近 1/4 的人认为自己有社交恐惧症，而美国精神医学学会也有调查数据表示，美国成人中有约 7% 的人有社交焦虑障碍。尤其在这个互联网发达的社会里，我们的社交网络无限扩大，但我们多多少少都有些社交恐惧，比如想远离人群，不想与人交往，宁愿一个人待着做自己喜欢的事情也不愿多出门，见到熟人不想打招呼，在人际交往中总是担心别人对自己有什么想法或者意见，在做某项工作时总担心自己做得不好。

比如在职场中，有人见到陌生客户可能会紧张，见到自己的上级更是紧张得不敢开口；有人即使平时特别能说，也会在见到一些重要人物、参加一些重要活动的时候紧张；有人遇到了自己处理不了的事情，需要与其他部门不熟悉的同事进行沟通时，便在对方的办公区周围走来走去，就是不知道如何开口。

日常生活中，我们可能远远地看到了认识的人，却低头玩手机假装没看见，甚至直接绕路避开，只是为了不跟对方打招呼。在朋友聚会的时候，一群人在侃侃而谈，但总有那么一两个人自己坐在角落里不说话，以至于被大多数人所忽略。有时候，我们在某个社交场合看到自己喜欢的行业知名人士，很想向对方请教，却不知道如何开口要对方的联系方式……

这些场景无论是在工作还是生活中都非常常见，也给很多人造成了困扰。大家都想在这些情况下脱颖而出，或者至少正常发挥，而前提就是要敢开口说话。所以，我选取了4种常见的人们在工作和生活中不敢开口说话的场合，帮助大家迈出有效沟通的第一步，做到敢开口。

2. 遇到不熟的人怎么打招呼

在腾讯大厦修好之前，马化腾是跟员工一起乘坐电梯的。有一次，一位员工在电梯里偶然遇到了马化腾。马化腾看他站在角落里独自看着手机，不知道怎么跟自己说话，内心有些紧张，但还是对自己点头问好："Pony（马化腾的英文名）。"马化腾也腼腆地笑着回复："嗯，您好。"然后两个人就一起等电梯到达一楼，中途没有再说一句话。

像这样在电梯里碰到了领导，只能尴尬地说句"你好"，不知道接下来该说什么的情况，在我们的工作和生活中很常见。在职场中，我们经常在各种场合见到不熟悉的领导和同事，比如电梯、停车场、来上班的途中、办公区，甚至是厕所。也正因为这种事情的普遍性，我们在网上搜"遇到不熟的人怎么打招呼"时，就会发现有多达3 600万条相关话题的信息。

那么，面对不熟的人，我们究竟应该怎样打招呼呢？

（1）主动出击，并不可怕

不论是对于职场上的领导、同事，还是生活中不是很熟悉的朋友，见面的时候我们都应该主动打招呼。大部分时候，只需要简单快速地打个招呼即可。比如，远远地见到一位不是很熟的朋友，甚至都不需要说话，只需要一个点头和微笑就可以解决打招呼的问题。

如果是在职场中，早上见到同事，我们就简单地点个头，说一声"早上好"就可以了。如果是见到领导，更要主动打招呼，但需要注意的是，一般我们在和领导打招呼时，要记得带上领导的称谓，也就是职位，例如"早上好，张总""王经理早""刘主管好"。但如果公司文化中提倡直呼名字，也要尊重公司文化。若你初到一家公司，特别是互联网公司，很难分辨是该直呼其名还是要带上称谓的话，你可以先保持正式的问候方式，等领导提出说不必如此时再调整。

（2）聊聊当下，打开话题

当我们与领导或者同事问候完之后，恰好还要同行一段路，那我们就不能只打一声招呼就不说话了。此时可以从聊聊当下开始打开话题，从而缓解尴尬。比如：

"您今天是怎么来的呀？坐地铁还是开车呀？"

"早饭吃了吗？"

"这个时间开车是不是很堵？"

"我今天早上看了新闻，今年我们国家对教育加大重视，您有看到相关消息吗？"

（3）虚心请教，紧抓机遇

如果我们在生活中学到一些与工作有关的知识，也可以趁着跟领导同路的时候进行请教。比如行业的相关书籍、资讯，也可以是领导感兴趣的话题等，都可以交流。比如：

"王总，有件事我想请教您一下，我最近看了一本关于商业的书，对我们行业进行了一些预判……从您的角度看，我们这个行业下一步会往什么方向发展呢？"

"刘总，我最近在学习一些演讲的小技巧，平时看您给我们开会讲话时特别有感染力，我很佩服，想学习一下。不知道您有没有什么好的演讲方法，因为我有时候讲话还是挺紧张的。"

用这样的方式虚心请教领导擅长的事情，既能够打开话题，又能够促进关系。

总的来说，与人打招呼的时候，最重要的是保持热情和寻找共同话题。这就要求我们在生活中也要做一个细心的人，留意身边发生的每一件事，因为我们留意到的任何一件小事，都有可能成为下一次谈话中的好话题。好的沟通氛围往往从身边的细小点滴聊起。

3. 怎样开口找别人帮忙

在职场当中，我们经常会遇到这样的情况，需要找不是太熟悉的同事帮忙，可又不太好意思，不知道怎么开口。这时该怎么办呢？

我们之所以不好意思找不熟悉的同事帮忙，主要是因为我们跟不熟悉的同事缺少情感连接。史蒂芬·柯维在《高效能人士的七个习惯》中提出"情感账户"一词，即人与人之间进行交往的同时，会在心中建立一个"账户"用来储存彼此之间的感情，如果人与人之间没有任何的连接，那我们直接去找别人帮忙的时候，就难免会有心理负担。也就是说，如果我们想要心安理得地找别人帮忙，就需要先跟他人建立情感账户。

建立情感账户的方式有很多，一起吃过饭、喝过茶、聊过天都算是情感账户的基础。如果我们想请其他部门完全不熟悉的同事帮忙，但之前没有机会与对方建立情感连接，那我们可以先找一个自己熟悉的同事做个中间人，帮忙引荐一下。这样就有了建立情感账户的媒介，也会大大提高成功的概率。

在人际关系中，有一个理论叫作六度关系理论，是指地球上所有的人都可以通过六层以内的关系链和任何其他人联系起来，也就是所谓的六次握手规律。通俗地讲，最多通过 6 个人，你就可以认识世界上任何一个陌生人。

即使是完全不认识的人也可以通过 6 层人脉联系起来，更何况是在同一个工作环境下的同事呢？因此，如果你想跟不熟悉的同事建立联系，那么找一个大家共同熟悉的同事做推荐，会更快速、更高效地达成目的。

除了职场中有些工作需要同事帮忙，我们在生活中也会有求助于他人的时候。很多人因为不想让自己被他人认为多事、喜欢麻烦他人，于是不倾向于利用自己的朋友圈寻求帮助。但朋友的力量是巨大的，在别人的帮助下，我们能做到更多原本不可能做到的事。这就需要我们学会正确的求助方法。

（1）请人帮忙之前先思考自己能为对方提供什么

学会换位思考，对方为什么要帮助我们呢？这时我们就要想一想对方在这个帮忙的过程中能否收获什么，如果不能的话，我们能额外提供一些好处给他吗？当我们在请别人帮忙时，告诉别人他可以从中收获什么，这样别人会更愿意帮忙。

（2）尽量不要给他人造成困扰

如果有人帮你，这会给他带来困扰或者损失吗？要知道，我们都只愿意做一些力所能及的事情，同时不愿意在帮别人的过程中损害自身的利益。如果你需要的帮助威胁到了对方的利益，对方通常是不会答应的，即使答应了，事后也会对你们的关系造成不良影响。

（3）尽量不要涉及金钱

所谓"谈钱伤感情"就是这个道理，人际关系是靠感情维护的，如果有金钱的参与，双方的关系就会变质。如果情况紧急，必须借用大额金钱，那么建议找不同的人小额借。

（4）评估他人能力后再提出帮忙需求

不同人的能力不同，他们可以帮到的忙也不同。如果你需要的帮助超出对方的能力范围，那么，一方面对方帮不了，另一方面对双方的关系也会有一定的不良影响。所以我们要因人而异寻求帮助。

（5）把你的要求具体化

请别人帮忙的时候，说清楚你的目标和对方需要做哪些事，列举清楚需要帮忙的内容后，对方更容易衡量是否能帮这个忙。

（6）先提出小的请求

根据"得寸进尺效应"，一个人答应别人一个小的要求之后，更容易答应接下来更大的要求。所以先提小请求，对方做到之后再提大请求。

（7）先提超出预期的请求

就像是讲价时常用的策略，先提出一个超出预期的请求，等对方拒绝之后，再提一个更容易的请求，这样会更容易成功。

（8）及时表达感谢

当别人帮了你，无论结果怎么样，你都应该真心实意向对方道谢，这样更有利于你们关系的发展，以后对方也更愿意帮助你。

用好这些有效的求助方法，哪怕熟练应用其中一个，都能很好地帮助我们维护好关系，促进双方有效沟通。

4. 朋友聚会时存在感低怎么办

朋友聚会是我们在生活中经常会遇到的社交场合，有些人无论是上学期间还是毕业聚会的时候，都好像是人群当中的小太阳，总能被人记住。而有些人虽然每次也都参加同学聚会，但存在感很低，总是被人忽略。

有时候存在感低，并不一定是我们自己单方面的问题，也并非就是一件坏事。可能只是因为大家生活的环境发生了变化，人与人之间的距离变远了。

张爱玲和炎樱曾是大学同学，张爱玲的著作《小团圆》的女性角色就是以炎樱为原型的。她们上学时情同姐妹，非常要好，无话不谈。后来张爱玲选择出国深造，并在那时候达到人生巅峰，炎樱却选择结婚生子。虽然两人相隔甚远，但依然会互相写信。可是渐渐地，张爱玲单方面断了与炎樱的联系，炎樱不知道为什么。张爱玲说，她不想在和一个人聊天时，内容永远是回味过往，这样会让她感觉自己从未成长过，一直活在过去。

有时候存在感低，是因为大家发展得不一样，没有了共同话题。但也有一些人，是因为比较相互之间的差距而变得不自信。我们常常会觉得自己不如别人发展得那么好，于是自卑，不愿意主动说话，变得没有存在感，但这样的对比是毫无意义的，我们每个人的优势并不相同，不能凭借一时的成功或者失败来下定论。每个人都有自己的天赋，同样也有自己不擅长的方面，我们根本无须用自己的短板来和别人的长处比较，而应该用自己的长处来实现人生的最大价值。

如何增强我们的存在感？积极主动是增强存在感的最大法宝。

小丁在学生时代是完全没有存在感的人，工作时的表现也平平。有一次，小丁的大学同学聚会在无锡举办，并且全程都由无锡的几个同学安排和布置。整场同学会进行下来，每一个人都很满意，大家都很感慨，希望以后可以常聚。小丁也感受到了，表现主动积极的同学可以给别人更深刻的印象，所以他打算下次有机会自己也尝试积极主动一把。

第二年同学们要再聚会，小丁便主动提议在自己的老家徐州办，并且积极参加组织工作，甚至还主动提出想挑战当主持人。虽然小丁完全没有主持经验，但还是认真准备，在聚会当天非常完美地组织和主持了同学会，让所有的老同学对他刮目相看。

可见，增强存在感的最佳方式，就是要积极主动地参与，即使开始有些困难，但是只要我们勇敢地迈出第一步，一切就会变得顺其自然。

为了更好地在聚会中有积极的表现，我们可以尝试在朋友聚会之前，翻一翻朋友们的社交媒体，这样在聚会的时候就可以有话题可说；可以在聚会之时，主动夸奖他人，给对方留下印象；可以热情主动地提出负责组织下一次朋友聚会，这样就可以顺利地建微信群，加深和大家的联系。

美国文学家及哲学家亨利·戴维·梭罗曾经说过这样一句话："最令人鼓舞的事实，莫过于人类确实能主动努力以提升生命价值。"积极主动可以带来超越我们想象的结果，因为在人群中，我们一定会对那个主动积极的人产生最深刻的印象。

5. 如何联系上行业"大咖"

有的时候，我们会在聚会中见到一些行业里的知名人物，因为特别欣赏、佩服对方的过人之处，所以希望能向对方要一个联系方式，未来可以多向对方请教一下。但这种时候我们也会有很多担心，担心对方会拒绝，担心自己会打扰到对方的生活，等等。

我们会有这样的想法，大概是因为我们见到职位、地位比我们高的人，就会产生一种"恐高"心理，觉得这些人更有权威，与我们有一种天然的距离感，于是不敢上前沟通。

其实，很多时候鸿沟没有我们想象的那么不可跨越。要想更加顺利地认识行业名人，并让他们记住我们，可以试试以下4个方法。

（1）放平心态，给对方一个通过或者拒绝的机会

我们很担心行业名人会不理我们，甚至看不上我们，不愿意加我们的联系方式，所以内心十分忐忑。其实不必一开始就急于否认自己，很多行业名人比我们想象中更加平易近人。

就算他们并不平易近人，那么最差的情况无非就是对方拒绝了我们，这也并不代表对方就一定瞧不起我们，有可能只是我们加对方联系方式的方法出现了问题。这时候，我们需要给对方一个答应加联系方式的理由。

（2）先提供自己的价值，再加联系方式

在和行业名人沟通之前，我们可以先想一下自己或者公司的价值在哪里，带着自身价值去加这些行业名人的联系方式，更容易被他们接受。

《奇葩说》中回答过类似的问题："想要跟人建立联系，你本身的吸引力，才是更重要的因素。比如你的声音、气质、谈吐是否足够吸引人，你是否善于寻找跟对方的共同点和共同话题，你是否能够提供有意思的信息让对方关注到你，愿意跟你进一步有接触，这些都是你需要考虑的事情……"在认识别人时，我们不能把自己当成索取者，只向对方索要资源、人脉、知识等，而要反过来把自己当作价值的提供者，让对方在简单的字里行间了解到我们的价值，从而给对方一个想要更进一步认识你的理由。

大部分人与行业名人交往不成功的主要原因，是他们没有把自己跟对方放在平等的位置上，这是内心不自信的体现。但人际交往崇尚的是平等原则，不管对方多优秀，我们不能先瞧不起自己，更不能盲目认为跟这些名人接触，就是在给别人添麻烦。我们应该首先相信自己是一个有价值的人，即使是与行业名人交往也能够给对方提供价值。

所以，和行业名人建立联系的原则就是，要先梳理好自己或者公司的优势，并且做好接受所有结果的心理准备。

（3）找个推荐人，更容易让行业名人记住你

如果我们跟行业名人之间有个推荐人或者说中间人，无论是加联系方式，还是建立一定的情感连接，都要相对容易一些。

永远不要小瞧推荐人的重要性，一个好的中间人不仅会让我们结识到行业名人，获得与名人相互了解的机会，让名人发现我们的价值，而且可能让我们跟这些行业名人建立新的合作方式，实现共赢。

马云和孙正义的故事大家都不陌生，我们也都知道，如果当年没有孙正义的投资，可能就没有今天的阿里巴巴。当时，马云几乎找遍了他能找到的所有可能投资的人，却全都失败了。在他几乎要放弃的时候，当时风头很盛的"小灵通之父"吴鹰，推荐马云去见孙正义，这才促成了马云和孙正义的见面。马云的命运从此变得不同，而这也是阿里巴巴传奇的开始。

在很多时候，我们可能跟当年的马云一样，并不是我们手中的项目不好，只是缺乏别人对我们的信任。但如果有推荐人的举荐、助力，那很多事情就会变得简单很多。

（4）讲对方关心的事，让名人"秒回"信息

很多时候，名人不回复消息，并不是因为针对或者瞧不起我们，只是对我们发的内容不感兴趣。

高瓴资本的创始人张磊和腾讯的创始人马化腾是好朋友。有几

次，张磊想邀请马化腾参加派对，于是发联系方式给马化腾，可每次马化腾都没有回复。有一天，张磊在使用腾讯服务器的时候，发现一个错误，他立即告诉了马化腾。没想到，马化腾"秒回"信息，并且立即召开紧急会议，商讨如何处理问题。

即使张磊和马化腾是好朋友，但如果一方讲的话是另一方不关心的内容，也常常会被对方忽略。而如果我们在与别人沟通交流的时候，说的都是对方关心的话题，那便可以快速引起对方的注意并得到反馈。

02 | 和领导沟通，这样开口大方得体

在生活中经常有这样的情况，我们私下里跟同事和朋友沟通时完全没有问题，甚至大家都觉得我们的沟通和表达能力很好。但一见到领导我们就不行了，很难做到清晰表达自己的观点，甚至有紧张到结巴说不清楚话的现象，也因此导致双方沟通不顺畅。这个现象，我们在上一章中提到过，这是一种"权威效应"，我们见到比自己身份地位高的人时心中难免会担心、害怕。领导也是同样的心理。

一次，著名空军将领乌托尔·恩特按照惯例执行飞行任务，但副驾驶员在飞机起飞前生病了，无法继续工作。于是，总部临时给他派了一名年轻的副驾驶员做替补。

年轻的副驾驶员对于自己要和这位传奇将军在同一架飞机上执行任务感到非常荣幸。在飞机准备起飞的过程中，恩特将军跟往常一样开心地哼起歌来，身体跟随节拍律动。这个时候，年轻的副驾驶员以为恩特将军是要他现在把飞机升起来，即使当时他很明确地知道飞机还没有到可以升起的时候，但他还是把操纵杆推了上去。

结果意外发生了，飞机的腹部撞到地上，螺旋桨的一个叶片飞

一般地插入了恩特将军的背部，导致恩特将军终生截瘫。

事后有人问年轻的副驾驶员："你明明知道飞机这时候不能起飞，为什么还要这么做？"年轻的副驾驶员回答："我以为将军愉快的表现是在暗示我'该起飞了'。"

这就是航空业所说的"机长综合征"，指的是即使机长有问题，大家也不会提建议，也不会跟机长直接沟通。因为大家都认为机长的职位比较高，跟机长沟通的效果可能没有那么理想，即使有出事故的风险，也不敢与机长沟通。

在职场中也是一样，我们见到地位身份高于自己的人时，就会开始担心，不知道该如何开口跟领导说话，即使是正常的交流都会战战兢兢。

其实，这种现象不仅仅在面对领导时出现。仔细回忆，上学的时候，我们见到老师也会有这样的感觉。在我们小的时候，我们面对比较严厉的父母也会有这样的感觉。所以，我们惧怕领导这件事情，从本质上来说，其实是说明我们惧怕权利、地位、身份比我们高的人。

面对这样的现象，大家可以先记住一条心法：领导也是普通人。大家在与领导沟通之前，默念三遍这个心法，就会好很多。领导也是普通人，领导只是想从我们这里获得必要的信息。即使领导的权利、地位再高，他也不可能知道公司所有的事情。所以，我们只需要以告知领导其所需信息的心态与之沟通，这样就会好很多。

1. 第一次见领导，怎样给对方留下深刻印象

小王准备去一家科技公司面试文案职位。面试当天，小王匆匆忙忙来到了面试地点。当他到达公司所在楼层时，迎面走来一个高大的中年男人，上下对着小王一阵打量。小王并没有在意，就赶紧去面试了。

小王找到面试的地方，刚进去，中年男人也跟着进去了。小王的心里咯噔一下，这是面试官？随后小王被总监邀请到办公室进行面试。由于他在面试前做好了充足准备，面试时对答如流，很快就受到了面试官的肯定。他心想应该没什么问题了，但面试官表示还要经过老板的同意。小王也就先回去了。

小王到了一楼才发现外面下起了大雨，只好在一楼躲雨。没想到之前那个中年男人又出现了，但两个人并没有说话。中年男人在小王身边停留了一会儿，又坐电梯上去了。

之后，小王没有收到新公司的录取通知书。当小王询问原因的时候，面试官说，没有录用小王的主要原因就是，他没有和那个中年男人打招呼，因为那个人就是老板。

在职场中，像小王这样的情况不可避免，不仅仅是在面试过程中，即便是已经进入一家公司之后，我们也避免不了面对并不熟悉的领导。那这种情况下，如何打招呼能够让领导对你印象深刻呢？

（1）良好的印象从见面的第一眼就已经开始了

在人际交往中，我们都知道第一印象的重要性，即第一次接触

时产生的印象，往往成为我们决定第二次及以后交往行为的依据。心理学上的"首因效应"阐释了第一印象的重要性，第一印象常常会成为对一个人的印象定格。而一般来说，第一次见到一个人的前7秒钟，就决定了我们对这个人的第一印象。

那么这7秒钟内我们能做什么？大概就是说一两句话的时间，通常都来不及说话，这时，个人形象对于第一印象的影响就显得很重要。甚至领导看到我们的第一眼，注意到的也是我们的着装。

无论是面试还是第一次去新公司报到，或是第一次见部门的新领导，我们都要注意着装得体。每个公司的服装文化都不相同，有些公司需要员工职业化着装，那么穿休闲装就不合适。女生化个淡妆，通常涂个口红就能显得气色好很多。

此外，还要注意微笑，微笑也是第一印象中很重要的一部分。

（2）说好见面第一句话：送问候、留印象、表尊敬

当见到领导时，我们要率先大大方方地问候，在知道对方职务的时候，可以直接用问候语加对方的职位来问候，如："早上好，王主管。"紧接着，为了让领导更好地记住我们，我们要进行简短的自我介绍："我叫王小二，是设计部的一名设计师。"

有很多朋友到这里就结束了，但为了效果更佳，我们还需要找一个标志性的记忆点来让领导对我们有更进一步的印象，比如接着说："您刚才路过公司大门的那个背景墙，就是我们设计组设计的。"

此外，也可以表达对领导的尊敬。例如："我在进入公司前，就曾在很多杂志上看到过您的一些传奇故事，对您很敬佩，能够跟您

在同一家公司工作，我感到非常荣幸。"

如果临近节日，还可以表达节日祝福："马上到中秋节了，提前祝您节日快乐。"

需要注意的是，使用表达尊敬的方法时，要具体情况具体分析，根据实际情况调整内容。

（3）设计好结束语，让领导加深印象

结束语重在表达对此次交流的感谢和对下一次交流的期待，比如："今天通过跟您的交谈，我对自己的职业有了更清晰的理解，非常感谢您今天对我的教导和帮助。"

"今天学到了很多，希望下次还能有机会跟您交流。"

"今天跟您的沟通，让我受到了不少启发，也让我的眼界开阔了很多，之后我要跟您多多学习，提升思维。"

其实，简单来说，给领导留下好印象的根本要素是自信。第一次见面时的微笑，沟通交流中透露出的尊重的感觉、思想的碰撞，结束时的虚心请教，等等，都可以达到很好的效果。与其说给领导留下好印象，不如说用你的自信与坚定先给自己留下一个好的印象。

2. 电梯里偶遇领导，该不该主动打招呼

小张入职一年多，平常在电梯里偶遇领导的情况很多。小张对待领导的态度有两个，首选是"躲"。小张说："如果远远看到领导先进了电梯，我肯定是能躲就躲，等下一班电梯或者坐货梯上去。"

万一躲不过去怎么办？他一般先很简单地打个招呼，进入电梯后，问领导去几层，帮他摁电梯层数，然后全程看着电梯楼层，不再交谈。

我们很多人在职场中都会遇到类似于小张这样的情况，遇到领导首选就是能躲就躲，实在躲不了就硬着头皮上，一大早从上班开始，就感觉自己的工作是"步步惊心"。

我们之所以紧张，主要是因为电梯这样的空间相对封闭一些，当只有我们和领导两三个人在电梯里的时候，我们总是不知道以怎

样的方式跟领导说话比较好。

但其实，在封闭的环境中跟领导打招呼，更容易被领导记住。

29 岁的刘先生已经在一家公司工作 3 年了，他说："我觉得电梯空间虽小，但碰上领导是个不错的机会。一般看到领导在电梯里，我会像平常一样进电梯，和他打招呼。如果只有我们两个人，那我就更加坦然了，我会像是跟朋友打招呼一样，与领导聊一下上班是否堵车，最近的天气变化，或者跟行业有关的新闻资讯，等等。"

在电梯里面跟领导打招呼并且做简单的交流，这种非正式的场合非常有利于拉近与领导的距离，有时候甚至还能获得意外的收获。

微软中国前总裁唐骏在电梯里遇见新员工，不仅叫出了他的名字，还当着这位员工的女朋友的面鼓励他。这一句鼓励充分表达了微软中国对员工的关注，也深深影响了这位新员工的职业生涯。这个故事也为微软中国的企业文化做了最好的宣扬。

在我们的职业生涯里，我们很少遇见对我们视而不见的领导。很多领导都很愿意跟员工有一些交流，拉近彼此的距离，以更好地促进工作。

那是不是所有的场合中我们都需要跟领导打招呼？并不一定，在一些特殊情况下我们可以不与领导打招呼。比如领导正在打电话并且情绪非常不好时，这个时候即便我们跟领导打招呼，领导也未必顾得上。总之，当氛围需要我们开口打破尴尬时，这个时候开口简单地打招呼或者聊天就是最好的时机。

3. 和领导谈加薪，如何开口才能提高成功率

小张最近工作无精打采，因为他刚刚完成了一单大生意，本以为老板会给他加薪或者发奖金，但是两个星期过去了，领导没有丝毫反应，甚至对这件事情只字不提。小张几次想跟领导谈，都不好意思开口，只能每天生闷气。

很多人会认为，拿着好成绩去找领导谈加薪，成功的概率会很高。但其实也要讲究方法策略。

在跟老板谈加薪的时候，如何做能够提高成功率？一定要考虑以下 3 点。

（1）注意时机：事前谈好过事后谈

著有《104 加薪升职关键报告》的 104 人力银行品牌总监邱文仁表示，其实大部分老板不喜欢员工拿着华丽的成绩单来谈加薪，"因为对发薪水的人而言，这有立即付出成本的压力，且有受威胁的感觉"。因此邱文仁建议，关于加薪的事情，事后谈不如事前谈。

事前谈的优势有两个：一是老板对你有期待，二是没有立刻付出成本的压力。

如果我们是小张，在接到大生意的时候，就可以这样跟老板谈："老板，我今天下午要和 ×× 公司的负责人谈一笔 5 000 万的生意。但在这之前，我想跟您商量一下，这样大单的生意在我们公司也算是很少见的，如果我把生意谈妥了，事后您可不可以给我一些奖励？"

（2）准备好谈判筹码：体现价值很重要

跟老板谈加薪，从本质上来说就是在谈判，谈判就需要好的谈判筹码，对于一个公司而言，员工产出的价值就是最好的谈判筹码。

在某公司担任中层主管的刘先生，曾经有过两次要求领导加薪的经验，两次方法不同，效果完全不一样。

第一次，他径直走进领导的办公室，信心满满地说自己很努力，业绩也很好，并且自己还有很大的经济压力，要求领导给自己加薪。领导并没有同意，甚至都没有上报给公司。因为这件事没有成功，刘先生跟自己领导的关系大不如前，甚至打算离开这家公司。

第二次谈加薪，刘先生决定如果再不成功就辞职另找工作，可是他不想像上次一样跟领导面对面聊，于是打算给领导写一封邮件，将自己的优势和已经给公司创造的价值全部写清楚，并且有些大项目直接换算成了收益金额，内容十分诚恳，结尾处提道："这是我半年来的工作表现请您参考，若有不够好的地方请您多指教。"结果这次领导将他的邮件直接转发给老板申请加薪。这一次，刘先生顺利加薪。

以"经济压力大、贷款重"为借口谈加薪，是领导很忌讳的事情。没有领导愿意为"你需要"而买单，领导更在乎我们给公司做出了多大的贡献，带来了多少利润。

所以，我们在谈加薪前，要先收集整合一下自己谈判的依据，最好用数据的方式呈现，证明自己的能力，这样往往更容易成功。

（3）谈话氛围很重要：谈话需要开场白

谈加薪，一定要在良好的谈话氛围中进行，才有可能有好的效果。不能一上来就生硬地要求加薪，最好的方式是先表达领导对我们的帮助，即从简单的赞美开始慢慢进入主题，我们可以这样说：

"领导，我刚刚完成了××项目的工作，这次之所以能够成功，离不开您对我们项目的支持。我在您身上学到了很多，非常感谢您对我的支持和照顾。"

有了好的开场白之后，要更好地去维护这个好氛围。所以，接下来的所有表达，都要用"问号"，而不能强势地用"句号"。因为加薪是一个请求，而不是命令。

有些人可能会这么说："如果您不给我涨工资，我就离开。"这并不是一个好方法，反而是在给自己"挖坑"，断了自己的后路。

所以，相对好的表达方式的开头是："不知道是否可以申请上调薪水？"

如果领导脸色有点难看，或者反问道："如果大家都跟你一样来要求涨工资，该怎么办？"

那么我们应该在表达需求的同时，表达对领导的理解："我知道您很为难，但我也有不得已的考虑。或许您可以考虑一下，看什么时候可以给我答案呢？"给领导一些思考的时间，这样结束话题也不显得那么尴尬，毕竟之后大家还是抬头不见低头见的同事关系。

如果实在想用"离开"这样的词，那你要注意不要过于强硬，要诚恳地表达自己的难处，不妨试试这样说："我很感谢公司的培养，在公司的几年里我学到了不少东西，也较好地完成了我的本职工作，但是现在我有薪资更高的选择，所以可能会有换工作的考虑。"

值得注意的是，谈加薪从本质上来说其实已经进入了谈判的范畴，而谈判是一种高阶的沟通方式，双方的优势差异决定了沟通的进展快慢。简单来说，谈加薪是由权利高的一方来把控节奏的，而权利低的员工一方，确实不占据上风。所以谈加薪的次数不一定是一次，也确实很难一次成功，要做好多次并且抓住适当时机进行谈判的准备。

03 | 会见客户，这样开口更受欢迎

很多职场人在拜访客户的时候，总希望先给对方留下一个好印象，这样才有继续合作的可能性，从而达成一种长期的良性合作。但在与客户交往的过程中我们总会遇到很多问题，有些人表示自己不知道应该怎样跟一个陌生客户沟通。要不要一见面就直奔主题？该怎样跟客户打开话题，既能掩盖自己的紧张，又能体面地开始？其实，更受客户喜欢这件事情并非难事，最难的部分也是最令职场人头疼的部分，就是开场"破冰"应该如何做，只要做好这个开场，就成功了一半。

1. 初次见客户紧张，应该怎样开场

很多刚开始做销售的伙伴，在谈客户的时候都特别紧张，根本不知道应该怎么说。

张广刚开始做销售，天天给客户打电话，打了快一个月了，却没有任何进展。

带张广的老员工比较负责任，把张广之前打电话的录音都听了一遍，总结出了张广之所以打电话不成功的原因。

（1）不自信，说话没有底气。

（2）表达时语无伦次，缺少语言组织能力。

（3）紧张，导致产品介绍无法较好地表达出来。

张广看到老员工的总结后恍然大悟，原来不是只知道产品是什么就可以了，更多的是要能表达出来。

其实，跟张广有同样困惑的人并不少，刚入销售行业时，多多少少都会有类似的情况出现。但如果缺乏正确的指导方法，很多人容易丧失信心，在工作之初就选择放弃，甚至因遭受打击而使日常生活受到影响，如变得不爱社交等。

对要经常跟客户打交道的伙伴们来说，怎样做可以不那么慌张呢？下面分两种情况给出相应的建议。

（1）与客户初次打交道

① 做好准备

商场如战场，特别是对于刚刚步入销售行业的人来说，如果你在与客户沟通前什么都不准备，就很难在沟通过程中取得良好的效果。因为如果缺少准备，很多人见到客户之后大脑会一片空白，不知道该说些什么。

建议大家在见客户之前，提前准备大致要讲的内容，包括如何开场、哪些是重点、如何收尾等，不需要逐字逐句地背下来，但至少要对要讲的内容做到心里有数。

② 先打开话题

有很多新销售员有一个误区，一开口就讲自己家的产品有多好。其实，在没有跟客户建立信任之前，这些都是没有用的，甚至还会引起客户的反感。这就要求做销售的伙伴除了准备必要的产品话术之外，还要准备聊天话题，比如兴趣爱好、家庭、健康、生活、旅行等。可以尝试这样说：

"看您这身材特别好，一定经常锻炼身体保持体型吧？"

"您的皮肤保养得也太好啦，怎么保养的呀？"

"昨天给您发微信的时候，您说接孩子放学去了，孩子上几年级呀？"

"我前几天看您的朋友圈，发了几张特别好看的照片，您是去旅游了吧？"

抛出可以聊的生活类话题，让初次见面的客户放下戒备，再慢慢将话题引导到产品上，从而避免一上来就推销产品的生硬感。下一小节我们会着重分享与客户寒暄的技巧。

③ 让客户多说

销售老手们都有一个绝招——不是销售员说服客户，而是客户说服了自己。如何能够达到这样的效果呢？其实并不难，最关键的是在于在谈话过程中引导客户多开口。有的销售员在客户面前口齿伶俐，侃侃而谈，自信满满地认为客户一定可以听得懂，但是结果往往不尽如人意。实际上，当销售员喋喋不休的时候，客户就会觉得自己被"掌控"，从而不愿意配合。如果换个方式，让客户多说，销售员只是进行一定的引导，就可以慢慢达到客户自己说服自己的目的。

假设今天各位销售员的产品就是《效率手册》这套书和系列课程，那要怎样引导客户呢？你可以尝试这样说：

销售员："您好，王姐。（此处省略寒暄部分）我记得您跟我说过，您其实没有很大的表达问题，平时交友什么的都挺好的。那为什么还想了解我们的书和课程呢？我一直挺好奇的，想跟您交流交流。"

王姐："其实吧，我一直都认为自己是一个非常善于表达的人，结果有一次公司开会，领导让我上台做汇报，我当时不知道怎么了，语无伦次，非常紧张，后面也不知道自己讲了什么。下来之后，领导对我的发言非常不满意。所以我很担心以后再出现这种情况，我该怎么办？"

销售员："王姐，您这个情况我听明白了。我想多问一句，那一次是您第一次当众表达吗？"

王姐："是的。"

销售员："那次会议之后到现在，您还有没有过当众表达的机会？"

王姐："有的，不过没有领导在场，是我们部门的会议。"

销售员："那个时候您还有紧张的感觉吗？"

王姐："那就没有了，特别好。跟现在一样。"

销售员："都是开会，有什么区别呀？为什么后面一次讲得就不错啊？"

王姐："我感觉应该是因为有领导在场，再加上比较突然，我没什么准备。平时我们部门的会议，我多多少少是要准备一下大纲什么的，这样心里才有底。"

销售员："好的，王姐。您的情况我基本了解了。我觉得您会有这种情况的原因有两个：一个是因为即兴发言，您缺少边说边想的能力；另一个是有领导在，您心里比较紧张。"

王姐："对，我没有稿子、没有准备就不行了。而且我确实有时候挺害怕领导的。那你说我这该怎么办呢？"

销售员："我这有几个方案跟您聊聊（介绍产品的时刻来了）……"

这个案例，是完完全全通过引导客户，让客户多表达，多说话，最后让客户自己想要了解产品和解决方法。在过程中，销售员不必再强行将产品推给客户，因为客户明白自己的困境和不堪，就会主动咨询相关信息。

（2）与客户多次打交道

有了跟客户第一次交流的基础，是不是就一定可以事半功倍了？其实不然，已经接触过的客户，不仅仅销售员熟悉了客户，客户也熟悉了销售员。换句话说，客户也熟悉了销售员的套路。所以，多次与客户打交道的方法跟第一次打交道还是不一样的。

与客户多次打交道需注意以下 3 点。

① 多渠道留意客户的信息

与客户的交流不能仅仅停留在当面沟通上，还要用微信等社交软件时不时地联络一下感情，让客户觉得自己被关注。比如，客户在朋友圈分享了一张自己的照片，销售看到之后，要积极地在客户的朋友圈下面点赞和留言。注意，留言很重要。因为点赞的人很多，留言的人很少。有必要的话，除了在朋友圈留言外，还可以私信给客户。此外，记得要将自己与客户的聊天记录的重要信息记下来，因为每一个细节都有可能成为客户信赖你的关键点。

陶小雪入职 3 个月就成了公司的优秀销售员，大家都很好奇，刚入职不久的她是运用什么方法搞定了好几个大客户的呢？于是，在一次团队会议上，陶小雪分享了自己的经验："其实，今天我想跟大家分享的只有一个词：细心。我想我之所以能够拿下这几个大客户，主要是因为细心和运气，我会通过各种各样的方式翻阅他们的资料和社交媒体，最终了解到他们的生日，并在他们生日来临之际，给每个客户发送一条自己编写的微信。他们感到很意外的同时，也很感动，于是主动跟我了解公司的产品，还有的主动约我吃饭，在饭桌上说可以支持我的工作。我觉得我没有什么销售技巧，只有细心和真诚。"

陶小雪的一番话，甚至给很多老销售员都带来了启发，原来留意一个微小的信息就可以建立彼此的信任。

② 从客户身边人入手

除了可以从客户本身的细节信息入手之外，还可以从客户周围的人入手，比如其家庭成员等。

张玉一直在跟一个客户，但是客户迟迟不肯下单，张玉各种方法都试了，还是没有结果。于是张玉去请教销售主管王淼。

王淼："这样的客户基本上可以断定，从他自己身上找不到突破口。我之前也有类似的经历，那个大客户我跟了两年，幸好最后还是跟下来了。"

张玉："那您当时是怎么搞定的？"

王淼："当时的情况跟你现在遇到的这位客户基本相同，没有任何突破口，但是直觉告诉我，他有需求、有兴趣，一定是个大客户。后来，我找到了他的爱人，给他爱人帮了很多忙，最终他主动找我，要跟我们公司签约。"

张玉："我明白了，原来还可以从客户的身边人入手。"

有很多客户在乎家人大过在乎自己，如果从客户自身找不到更好的突破口，从其家人身上入手也是一个不错的选择。

③ 调整好心态

简单来讲，就是心理素质要强。因为作为一名销售员，我们难免会遇见被客户拒绝的情况。有些销售员认为被拒绝是一件很难堪、很丢人的事。其实并非如此，因为在这件事情上，客户往往只是对事不对人。客户拒绝的是产品，而并不是销售员本人。针对有需求的客户，不论其需求是否紧迫，只要好好服务，即使不能立刻成交，也可以掌握一份有用的人脉资源。

单心是一家互联网公司的商务人员，经常要为公司谈合作。他跟所有的销售员一样，常被各种各样的客户拒绝，但他给公司对接的大项目并不少。有一次，他带着新员工一起去谈合作。那次遇到的客户比较难缠，而且客户的态度和脾气不太好，在谈判中大发脾气，甚至破口大骂。新员工被吓得一个字都说不出来，单心却面不改色地坚持谈判。当天的谈判最终不欢而散，但单心没有丝毫的负面情绪，新员工感到很疑惑，单心解释说："哈哈，大家都是为了自己的利益而已。别担心，保准 3 天后我们还能再谈一次。"

果然，3 天后他们两个人再次来到这家公司，对方客客气气地接待了他们，就像之前的不愉快没有发生过一样，而且这次的谈判还算顺利，双方基本达成了共识。

其实类似的客户有很多，客户跟我们非亲非故，根本不会针对我们，他们针对的只是利益。如果确保双方在利益上达到共赢，多从对方的角度考虑问题，就可以避免心态失衡，还能达成合作。

2. 拜访客户，应该怎样寒暄

第一次拜访客户需要注意的地方有很多。要想给客户留下好印象，需要在拜访前做好充分的调查，并学会在见面时更好地打开话题。具体可以从以下几个方面入手。

（1）记住对方的名字，让对方感觉到被尊敬

在拜访客户的时候，我们不能只顾着背诵自己公司的简介和产品说明，还要调查客户信息，更好地了解客户，以免出现记不住客户名字的情况，起码要记住客户的姓和职务，如：王总、刘主管、张经理。这样才能让对方感觉到被尊重。

（2）送节日祝福

如果恰好赶上了一些节日，开口的时候可以先送上节日祝福，如：

"马上到春节了，提前祝您新春快乐。"

"明天就是端午节啦，提前祝您端午安康。"

"还有几天就是中秋节啦，先提前祝您阖家欢乐。"

（3）观察办公室摆设

如果去对方办公室拜访，可以根据对方办公室的物品摆放制造聊天话题。

比如，对方办公室里有一些荣誉证书和奖杯，我们可以这样说：

"今天第一次来到您的办公室，看到您有这么多的荣誉，特别是这个奖，好像是很难拿的一个奖。您真的是太优秀了，我要多跟您

学习。"

如果在对方办公室里看到了家人的合照，我们可以这样说："这是您的爱人和孩子吧，您的事业这么成功，一定是有家人的支持，好羡慕！"

如果在对方的办公室里看到了很多书，我们可以这样说："这是我第一次看到有这么多书的办公室，您事业这么成功还这么好学，太值得我们学习了。这么多书，我一年到头可能都看不了几本。"

寒暄的内容要适宜，不要过度挖掘对方的隐私，要给出真诚的祝福、赞美，这样就能立刻让对方和你拉近距离。

3. 和客户吃饭，应该怎样"破冰"

在职场饭局中，千万不要别人问一句我们才答一句，一定要保持良好的沟通氛围，并且要掌握更多的话语主动权，才能让谈话往我们想要发展的方向进行下去。

在初次见陌生客户的时候，应该怎样"破冰"才能让气氛更好呢？以下几点可供参考。

（1）了解对方的背景，为说话做储备

和前面提到的初次见客户一样，和客户吃饭不论是陌生客户还是熟悉客户，在饭局前一定要做好准备。特别是陌生客户，要了解对方的背景。

比如最基本的信息：名字、职务、来自哪一家公司、年龄，等等。

稍微深入一些的信息还有：负责过哪些项目，是否在此之前跟我们公司有过合作，是否是其他熟悉的客户或同事推荐过来的。

除了工作上的信息之外，我们还可以了解一些客户自己以及他的家庭状况的信息，比如：他的兴趣爱好是什么，生日是什么时候，是否结婚，是否有孩子，孩子多大，等等。

这些信息虽然比较琐碎，但是有时候正是这些琐碎的小事，能够让饭局上的氛围变得轻松，让对方放下戒备心，促使谈话顺利进行。

（2）要把客户当朋友，表达真诚很重要

对待客户是否是真心实意，其实能够从相处交往中看得出来。有的时候，我们不需要太多的销售话术和技巧，真诚就可以获得更多的回馈。

魏旦是一家金融公司的销售主管，平时忠厚老实，怎么看也不像一个销售冠军。刚入行的时候，他什么都不懂，业绩也很差。但是他把客户当朋友，诚心诚意地为客户付出，从客户的角度考虑问题。没想到试用期结束之前，有6个客户来找他签单。

可见，魏旦最大的销售"技巧"是没有技巧。真诚是最大的法宝，特别是在与客户初次见面的时候，千万不要太过于功利，坦诚、真诚一点更能够达成最终目的，并且还可以与客户交上朋友，一举两得。

（3）善于提问，从对方的言语中找话题

王红是一名刚工作不久的销售员，今天是她第一次谈客户，她准备好了一切，整装待发。一见到客户，她马上开口说："邱总您好，我是小王。今天看您的气色好棒啊。对了，这附近还好找吧？哎呀，这是我特意为您选的，我跟您说，这个地方跟您的气质很符合。就像我们的产品一样，特别高雅……"

邱总："小王，你一口气说太多了，不着急，我们先点杯喝的。"

王红的表达，单看每一个句子都没有问题，但是一口气说出来，没有给对方任何的喘息机会，反而起不到好效果。如果我们采取一些增加互动的方式，就会更好。比如，可以这样调整：

王红："邱总，您好。我是常跟您联系的王红。这个咖啡厅还好找吧？"

邱总："挺好找的，离我家比较近，而且我之前来过，环境还不错。"

王红："是啊，我之前在网上搜过，这是附近排名第一的店，而且我还提前过来考察了一下，想看看合不合适，不合适我马上就改地方。"

邱总："难得王红这么细心呀。"

王红："哈哈，应该的，我们先看看喝的吧。您看看您想喝什么？"

邱总："好，平时我都喝拿铁，今天想换个口味。"

王红："这样啊，这家的冷萃不错，您要不要尝尝？"

邱总："那听你的。"

王红："您平时喜欢健身吧？看您这身材保持得真不错。"

邱总："是啊，我确实喜欢健身，平时不工作的时候我就喜欢逛逛街，看看电影，健健身，特别舒服。你的观察能力很强啊！"

王红："您确实太优秀了，我想看不到都难呀。我觉得我们家的产品您会喜欢的，比较适合气质优雅的人，跟您太符合了。"

邱总："是吗？有介绍吗？"

王红："那当然啦！"

当王红给了客户一些时间，并且提问互动后，整体的氛围就会变得好很多。在与客户的交流中，有很多销售员喜欢一股脑地把所有的话都说完，这样做一方面可能会让自己很快"词穷"，另一方面给客户带来的感受也很不好。不如换个方式，避免单方向持续输出，保持与客户的互动，这样会使整个谈话更加有效。

Part2

会赞美：这样夸，人人都喜欢你

　　根据马斯洛的需求层次理论，每个人都有"尊重"的需求，而被赞美是满足"尊重"需求的重要方式。当个体被认可某些方面的价值时，他会非常开心。我们可以把这种方法应用在人际交往上，要想促进一段关系，最好的方法就是热情地赞美他。

　　正是因为没有人会拒绝被赞美，美国一位著名的社会活动家提出了一个理论："给人一个好名声，让他们去达到它，他们宁愿做出惊人的努力，也不会让你失望。"这里说的好名声就是一种赞美，它拥有神奇的力量。

　　"良言一句三冬暖"，只有真诚地赞美别人，才能与人和睦相处。如同一名美国学者所说的："我们应该努力发现他人身上可以赞美的地方，即发现他人的优点，然后养成每天5次真诚赞美他人的习惯，渐渐地，你会发现，你和他人的关系会变得更加亲密。"

　　本章从人人喜欢被赞美、赞美的技巧和赞美要适度3个方面，来帮助我们更好地在朋友、亲人和同事之间运用赞美的方法，促进关系发展。

　　要记住，真诚是赞美的基础，赞美别人时一定要从实际出发，还需要掌握一定的技巧，否则，即使态度真诚，也有可能让好事变成坏事。所以我们一起来学习如何正确地赞美他人吧。

04 ｜人人都喜欢被赞美

古代有个人金榜题名后，要到外地当官，临走前，他有个身居高位的朋友对他说："当官要谨慎，特别是在外地当官，更要谨慎又谨慎呀。"

他回答："不用担心，其实我已经准备好了 100 顶高帽子，到时候不管去哪里我都每人送一顶，保证大家都开心。这样，也不会有什么人为难我了。"

朋友听了，表情凝重，明显有些不高兴，说："咱们都是读书人，应当洁身自好，不能去阿谀奉承别人。"

他听完之后笑笑说："您说得对，可惜这天下跟您一样的人又有几个呢？如果都跟您一样正直，我想我们国家必定更加昌盛。"

朋友一听非常高兴："嗯，我觉得你说得也有道理。"

那人与友人告别后，对家人说："我的 100 顶帽子，现在只剩下99 顶了。"

人人都喜欢被赞美，像上面故事里的朋友一样，即使他说自己不是一个喜欢阿谀奉承的人，但在被毫无痕迹地赞美过后也开心不已。马基雅维利是意大利政治思想家和历史学家，他曾提出过这样的一个问题："为了获取权利，怎样使自己给别人留下一个好印象？怎样讨人喜欢？"他认为，一直说对方喜欢听的话，便会给对方留下一个好印象，从而获取更多的好处。这也被现代人称作马基雅维利效应。

赞美这个低成本的社交工具用好之后，常常会有惊人的效果。如此看来，如果再不会夸人你就要吃亏了。

1. 新来公司没人缘，赞美可以增进关系

在职场中，人缘好的人往往会得到更多的帮助，也会给别人留下更深刻的印象，如何让自己拥有好人缘？一定要学会赞美，因为好人缘都是夸出来的。

（1）赞美领导，留下好印象

① 赞美上级要自信

赞美上级的时候要自信自然地表达，切记不要胆怯，甚至支支吾吾，否则就会让上级觉得你只是阿谀奉承，想拍马屁。自信自然的表达，才能够让上级感受到真诚的赞美。

② 赞美上级的影响力

我们在工作场合夸奖他人的时候，通常喜欢夸奖对方的能力。但作为上级，只夸奖他的能力是不够的，因为他有能力是显而易见的，如果没有能力，他也很难做到领导岗位上。所以，在夸奖上级

的过程中，夸奖上级的影响力更容易给上级留下一个好印象。

比如可以引用上级开会或者平时常说的一句话来凸显上级的影响力："王总，您上次开会跟我们提到的一句话，给我的触动特别大。您说创新才是一家公司长远持久的核心竞争力。我听完后非常赞同，因为时代在变，与时俱进的公司才能够长久。"

"刘主管，还记得您上次建议我多学习一些除了本行业之外的知识，这一点帮助我走出了自己的舒适圈，提升了自己的格局，感谢您对我的帮助。"

也可以借他人的话来赞美上级，凸显上级的领导力："刘总，总听我们销售部的刘主管提起您，说您自年轻的时候起能力就很强，25岁的时候就带了30个人的团队创业，今天我们公司有500人了，还取得了非常瞩目的成就，都离不开您的带领。我特别钦佩您。"

③ 维护对方的面子，就是对他的赞美

慈禧太后喜爱看京戏，有一次，她去看著名演员杨小楼的戏。散场后，杨小楼求赏，请慈禧赐一个字。慈禧当即挥笔写了一个"福"字。

谁知慈禧太后把"福"多加了一点，将"示"字旁写成了"衣"字旁。在场所有人都紧张起来，气氛尴尬，太监李莲英脑子灵活，笑着对慈禧太后说："老佛爷之福，比世上任何人都要多出一'点'呀！"聪明的杨小楼一听，连忙应和李莲英的说法："老佛爷福多，这万人之上的福，此等大的福气，奴才怎敢领呢！"慈禧太后正为不好下台而发愁，经他们这么一说，就顺水推舟，笑着说："好吧，隔天再赐你吧。"一场尴尬就这样化解了。

其实，绝大多数人都是看重面子的，特别是上级领导，在公司里更要维护自己的面子。许多上级还会将下属是否给自己面子这件事情，作为一种潜在的考核，在内心给下属打分。作为下属，要想更好地维护上级的面子，可以参考以下 7 点。

第一，当上级表达有误时，不用急着当众反驳，私下沟通效果更佳。

第二，多请教上级，不要总想着证明自己比上级专业，锋芒毕露在职场不一定是件好事。保持谦虚好学的姿态更好。

第三，背后不说上级坏话，而且很多话越传越离谱，可能会造成严重的误会。

第四，上级遇到尴尬的场景时，及时帮上级化解危机，切忌火上浇油。

第五，与上级关系再好，在其他人面前也要尽量对上级保持尊敬。

第六，凡事不要越级汇报，尊重直属上级能够更好地推动工作。

第七，重大决策不要私自决定，询问上级后再处理，会让上级觉得被尊重。

（2）赞美下属，给予认可

作为上级，并不是越严肃越好，很多时候，适当的赞美会给下属带来意想不到的鼓励，使管理变得更加容易。

① 及时赞美下属，给予动力

美国斯凯特朗电子电视公司总裁阿瑟·利维，当时准备大力推动研制闭路电视这个项目。他招聘到一个叫比尔的小伙子，比尔工作起来非常疯狂，直接把自己关在了实验室里没日没夜地工作。大概一周之后，比尔完成了大部分的工作。工作结束后的比尔非常疲惫，在床上睡了一整天。当他醒来的时候，他第一眼就看到了利维。利维拉着比尔的手，跟他说："比尔，虽然我很在乎这个项目，但是跟项目比起来，你的命要重要得多，我不能因为工作而损害你的健康。如果研制不成功我也不会怪你，我更希望你照顾好自己的身体。"

这一番话使比尔的心态发生了很大的变化，他不再只把这件事情看作一份工作，而是将其看作一份事业，并跟利维一起为这份事业而奋斗。最终两人取得了成功。

作为上级，如果你能及时肯定下属为工作做出的付出，让下属感受到被关注、被认可，就能促使其更加努力地工作，甚至将工作视为自己的事业去追求。

② 赞美能激励一个人的状态

一位IT行业的女员工，每天都要跟电脑和代码打交道，整个人变得越来越内向拘谨，不爱说话。然而前不久，朋友们发现了她的变化，她开始变得开朗起来了，连微笑都比以前多了很多。经过询问才知道，原来她换了一家公司工作。新公司的上司很有活力，并且很愿意肯定所有人的进步和工作成果，这让每个人在工作的时候都不再拘谨，而是开心地工作。而这也成为她心态改变最重要的原因。

其实，赞美并不只是单纯的几句夸奖。好的赞美可以给人以力量，赞美所营造的氛围更能够给人带来愉悦的心情，从而改变人的心态。尤其是现代社会中，生活节奏太快，人们总是过于忙碌，有时候我们难免会有些迷茫，如果在迷茫时期有人能给我们一些鼓励和肯定，那我们会更加有动力面对生活。

③ 赞美下属，让下属觉得你有人情味

徐经理第一次坐李师傅开的车时，正值上下班高峰期，路上交通拥挤，但李师傅开得稳而不慢。于是徐经理开口说道："李师傅，你在这样的情况下还能开得这么快，真不简单，真有办法！"这句衷心的赞美之词让李师傅非常高兴，因为从来没有人这么夸奖过他。于是他之后开车更加用心了。这件事情过去几年了，李师傅仍是念念不忘，并且时常夸奖徐经理有眼光。

人与人之间的相处是否融洽，有的时候就因为一句话。一句不好的话会破坏关系，一句赞美的话会让关系升华。上级面对下属的时候，少些批评，多谢赞美鼓励，可以使下属继续保持好的工作心态，也可以使下属往上级期待的方向发展。

（3）赞美同事，获得支持

刘芳是公司的人事部主管，熊露是业务部主管。做业务的熊露难免会在工作中碰壁，比如遭到客户拒绝等，但熊露的心理素质一直很好。有一次，客户的一个方案改了又改，公司的流程又非常烦琐，导致项目延期很严重。熊露也不免开始焦虑，不知道该怎么办了。这时，在一旁的刘芳看出了熊露的不安，她走过去对熊露说："熊露，我特别佩服你，如果这个项目不是你负责，我估计公司早就放弃了，你竟然在这么难的情况下还在不断地坚持，真令人佩服。

这个项目有你的这分坚持，一定可以做成。"熊露听了刘芳的话之后，突然很有信心，最终这个项目真的在熊露的不断努力下成功了。熊露因此很感谢刘芳，她们的关系也越来越好。后来刘芳离职，熊露也帮她介绍了一份不错的工作。

有的时候，只是一句赞美的话就能够获得同事的更多支持，甚至能收获一个意想不到的机会。

我们在赞美他人，特别是有工作往来的人时，需要注意以下3点。

① 赞美要具体

具体的夸奖会让别人觉得真诚。英国专门研究社会关系的卡斯利博士曾说："大多数人选择朋友的依据都是看对方是否真诚。如果你与他人交往时不是真心诚意的，那么你要与他人建立良好的人际关系是不可能的。赞美他人也是如此，如果你的赞美不是出于真心，对方就不会接受这种赞美，甚至怀疑你的意图。"当我们毫无依据地赞美一个人，他不仅不会开心，还会觉得你不真诚，另有目的。所以当我们要去赞美他人时，一定要有一个具体值得赞美的点。

② 赞美时，可以具体地夸奖对方的工作成就

在职场中，赞美工作成就最不容易出错。例如：

"小王，这次工作做得好棒啊，昨天在会议上刘总特意夸你来着。而且听说这次谈判，前前后后经历了好几个月的时间，本来所有人都觉得没希望了，还是你抓住了对方的根本需求点，公司才找到了突破口。你真的太厉害了！"

即使是跨部门的协作，在第一次见面时也可以具体地夸奖对方

的工作成果。

"上次 A 组的项目是你们协助的是吗？那个效果特别好，我们当时都很佩服。我觉得我们这次合作一定也能完成得很好。"

③ 请教同事也是一种赞美方式

除了直接用语言夸赞，赞美也可以在行动中体现出来。向他人请教，其实也是对他人能力的肯定。可以尝试这样表达：

"小张，我刚才听小方说，你上次那个方案领导通过了？这也太厉害了吧！领导很少通过这类项目的，你是怎么做到的？跟我们分享分享，让我们学习学习呀。"

"啊，小王，刚才领导让你发言，好突然啊，都吓死我了。你怎么回答得这么流畅，可以教教我你是怎么做到的吗？"

如果身边同事的成绩和进步能够被我们看到、听到，那么被赞美的每一个人都会心花怒放，我们也会收获一份好的人际关系。

（4）赞美客户，表达真诚，获得信任

赞美的语言如果不够真诚，往往会引起别人的反感。特别是在面对客户的时候，单纯的场面话很难获得客户的信任。因此，赞美客户需要抓住客户的心理需要，给予他所渴望的赞美。

一次，中国外交官去法国进行拜访，法国外交官见到中国外交官说："您数次去比利时、荷兰、瑞士等我们的邻国进行外交，当时我们很嫉妒。现在您终于到法国来了，我们非常高兴。我代表总理和外长向你们表示热烈的欢迎。"当时中国外交官也表示，自己对于能来法国拜访深感荣幸，愿尽最大的努力推动中法两国关系不断向前发展。

法国外交官深谙赞美之道，适时适当地赞美了中国外交官，而且很真诚，使得这次会见双方都非常高兴。

我们在与客户打交道时，也要懂得适时地给予客户所渴望的赞美。切记不要一味吹捧对方。如果不知道客户关心什么就毫无头绪地赞美，这会让对方感受到不舒服，也很难获得客户的信任。赞美需要换位思考，我们可以站在客户的角度进行分析。例如：

当我们听出客户对自己孩子的学业感到自豪时，可以这样说："真羡慕您有个好孩子，您的教育方法肯定不错，有时间一定要教教我啊。"

当我们听出客户对自己的事业发展感到满意的时候，可以这样说："真的太佩服您了，没想到您在创业初期如此艰难。您的公司能够取得今天的成绩，与您当时的坚持、战略眼光、使命感都有很大的关系。我要向您学习，跟您对话给了我很大的启发和鼓励。"

当我们听出客户谈起自己擅长的兴趣爱好时，可以这样说："真没想到啊！王总您事业这么成功，竟然还是一个极限运动爱好者。果然成就大事的人都很有勇气和魄力。这样的爱好既有挑战性又可以锻炼身体，太棒了。"

好人缘需要好的赞美，恰当真诚的赞美，往往会让我们收获更多机会。因为大家都喜欢跟充满阳光的人在一起。不妨用赞美传递一分真诚，自己也能收获一份愉快的工作和生活环境。

2. 朋友遇到困难，赞美可以给人力量

（1）赞美朋友可以给他力量

著名演说家萧伯纳年轻的时候非常胆小，连去邻居家按门铃都不敢。萧伯纳第一次受朋友之邀上台演讲时，胆小的他战战兢兢地起身说话，只敢小声讲了一段，结果不出意外地被所有人嘲笑了。他非常难过，而他的朋友真诚地对他说："你的声音真好听，相信再大点声会更美妙。"萧伯纳胆怯又害羞地看着朋友，朋友给予他一个鼓励的微笑。

从此以后，萧伯纳不仅不再胆小，而且还在公共场合主动发言，大声说话。每逢周末，萧伯纳都会积极地找寻机会当众演讲。即便别人觉得他讲得不好，他也不理会。每次演讲过后，他都会反思自己的不足，慢慢改进，不断提升。

正是当初朋友的那一句赞美的话，给了萧伯纳力量，让他勇于挑战自己，最终成就了自己。在我们的生活中，如果朋友因为某事心情不好，我们也可以通过夸奖他在这件事中好的表现或者他的某个优点，来鼓励他，相信能给朋友很大的力量。

（2）赞美朋友的过往成就，可以帮他重拾自信

篮球明星巴特尔刚到 NBA 打球的时候，不能适应新的环境，在球场上因为紧张而使投篮命中率不断降低。所有人都感觉他的球技在退步，他也因此在一段时间内没有得到球队的重用。

巴特尔自己也十分沮丧，于是他的妻子德明和他一起回忆他过

去在中国打篮球时的优秀表现，并邀请他曾经在 CBA 的战友给他打电话，一起赞美巴特尔曾经在球场上的风采。就这样，巴特尔在家人和朋友一次次的赞美中受到了莫大的鼓励，重新振作起来，继续驰骋赛场。

当朋友身处困境，陷入迷茫，甚至已经丧失信心时，赞美可以帮他们恢复自信，重新振作起来，继续前进。

（3）赞美朋友不确定的事，让他相信自己

小方最近刚升职为公司的部门主管，一上任就面临一个难题，第一次部门聚餐就有人不想参与。小方非常不高兴，甚至深深怀疑自己的管理能力。好朋友小文看出了小方的难过，跟他说："我看到了你上任之后为大家做的一切，我觉得你做得特别好，你做到了前一任领导没有做到的事情，大家都应该替你骄傲。他们现在看起来不配合，可能只是不太适应，并且他们并不清楚你的付出。今晚的聚餐正是一个好机会。"小方听完后，心情马上好了很多，立即在群里通知此次聚餐的重要性，鼓励大家参与。当晚的聚餐非常顺利，大家也都表示很喜欢小方这个新主管。

有的时候，朋友之间的一句肯定与赞同，往往能起到很大的作用。多多鼓励朋友，不吝赞美，就是给了他们最大、最有效的支持。

3.家人情绪不好，赞美可以帮其掌控情绪

（1）给孩子一个赞美，懂比爱更重要

著名演讲家卡耐基，小时候非常顽皮，连他的父亲有时候都因为他的顽皮而生气。在卡耐基9岁的时候，父亲续娶了一个女人，也就是卡耐基的继母。与继母第一次见面时，卡耐基的父亲跟新婚妻子说："这是我的儿子卡耐基，你一定要警惕，他是一个很顽劣的男孩子，经常让我头疼，甚至一不留神就给我搞破坏。"

卡耐基本来看到这个女人就非常不高兴，听到父亲这番话后就更生气了，正想恶作剧的时候，继母突然微笑着走到他面前，注视着他，然后跟卡耐基的父亲说："你错了，他一定不是最顽劣的男孩子，相反，他是最聪明的孩子，只是还没找到能发挥他热情的地方。"卡耐基听完这句话，突然流泪了，他没有想到继母竟然能理解他。

就是这一句话，使卡耐基和继母之间建立起了深厚的感情。继母成了卡耐基成就个人事业很重要的一个人，无论做什么，继母都会鼓励支持他。

很多时候，一个真诚的赞美会比任何奖励都更能让孩子感受到爱意，给他们的成长带来巨大的启迪。

（2）家人发脾气的时候，用赞美满足对方的需求

张老师是一位心理咨询师，有一家三口因为孩子的学习压力问题来进行心理咨询，但是这3个人在咨询过程中不断发生争吵。

于是张老师打断了他们，邀请他们一起玩一个游戏——给花浇

水。一家三口虽然疑惑，但还是同意了。

张老师："但是我有一个要求，每个人都要浇水，并且每一次浇水时，都要赞美另外两个人。而且，违心的赞美是无效的，要具体地赞美出来。比如，对方拥有什么能力、做过什么事让你觉得很佩服、很感激或者很开心。当一个人边说边浇完花之后，再换下一个人。那就先从母亲开始吧。"

母亲："宝宝，我为你感到骄傲，因为你小时候有一次带病参加学校的考试，没想到竟然还考了全班第一名。孩子他爸，感谢你为了家里付出了那么多，如果不是当年你为了改善家里的生活，去国外工作了几年，可能我们家现在的日子还是很清苦。"

母亲说完之后，紧张的气氛已经变得柔和了很多。

父亲："到我了。谢谢儿子，你的出生给我们家带来了天大的快乐。我和你妈一直忙于工作，都忽略了家庭，直到你的出现，给了我们回归家庭、享受家庭的欢乐。老婆，还记得那次孩子生病，你几乎一周都没怎么睡觉，一直在医院照顾孩子。你辛苦了，那个时候我就想，一定要让你们过上好日子。"

说到这里，全家人已经开始哽咽。

孩子："对不起爸爸妈妈，是我做得不够好，我担心考试考不好你们会不开心，我就不敢上学，不敢考试……"

说到这里，全家人抱在一起痛哭起来。后面的事情非常顺利，一家三口关于孩子学习的问题迎刃而解，孩子很快就去上学了，父母的关系也变得好了很多。

当家人发脾气的时候，我们切记不要相互指责，越是一味要求对方做什么，越没办法缓解彼此的情绪。不如深呼吸一下，平静下来，想一想浇花的感觉，赞美对方值得欣赏或者让我们感激的地方，这样一来，很多事情自然就能够顺利解决了。

05 | 赞美有技巧，说到对方心坎里

无论在生活还是工作中，我们总能发现有些人很会左右逢源，很受领导、同事、朋友的赏识。很多人都想具备这样的能力，那你至少要学会一个绝招——赞美。善于赞美的人往往很有魅力，更受欢迎。因为会赞美的人往往能够发现别人身上的优点，并且及时给予肯定。当别人得到像肯定、赞美这样的正面反馈时，他的内心自然非常开心，也会对赞美他的人印象深刻。

1.5 个赞美技巧，随时随地收获好人缘

有时候我们想要去赞美别人，却不知道如何开口。中国与西方国家相比，文化中有一些不同之处，中国人的表达相对来说更加委婉，不喜欢说和听太过直接的话。这样一来，就对我们的夸奖有了更高的要求：我好意思赞美，你好意思接受。在这里推荐 3 种赞美的方式，让大家不再为不知道怎么夸奖他人而困扰。

要想让别人接受赞美，首先有一个重点一定要记住——赞美要

小而美，不要大而空。大而空的赞美，给人的感觉往往是客套；小而美的赞美，才能让别人感受到真诚。

方法一：对等法

对等赞美这种方式，在日常生活当中其实很常见。我们通常把未经专业训练的人做得比较出色的事情，跟相关领域的专业人士做对比，赞美前者跟后者一样专业，这样会使前者感受到自己的能力得到了充分的认可，也自然能够听出来对方是在真诚地赞美自己。

例如：

赞美别人菜做得好吃，可以这样说：

"哇哦，这菜做得太棒了，简直跟大厨做的一样，色香味俱全。"

赞美别人歌唱得好听，可以这样说：

"天啊，这歌唱得跟原唱一样。"

赞美别人球打得好，可以这样说：

"啊！这篮球打得跟专业运动员一样好。"

注意：

在使用对等法时，不能将对等的对象太过于夸张化。比如赞美做菜的例子，如果将"简直跟大厨做的一样"变成"简直跟米其林三星厨师做的一样"，那就会给被夸奖人带来"夸张"的感觉。多一分夸张，就少一分真诚。

方法二：提问法

相比于对等法来说，提问法要更高级一点。提出一个问题，即使没有准确的回答，但是对方已经听懂自己被夸奖这件事了。这种提问式的赞美，往往能够获得对方的会心一笑。

例如：

赞美别人菜做得好吃，可以这样说：

"呀，我问个问题啊，你这个菜是做的还是买的？"

赞美别人歌唱得好听，可以这样说：

"哎？是不是开原唱了？"

赞美别人球打得好，可以这样说：

"你以前是不是专业球队的？"

注意：

在使用提问法的时候，尽量不要提开放式问题，比如，在赞美别人菜做得好吃时，一般人第一个想到的问题就是："这个菜怎么做的？"这个问题对于被赞美人来说其实有一些复杂。我想大家在生活中一定遇到过类似的问题，当我们抛出"这个菜怎么做的"这种问题时，若别人给我们详细讲解菜的做法，这不一定是我们想要的，大部分时候我们就是想夸奖一下对方而已。所以在使用提问法夸人的时候，我们要尽可能问一些封闭式的问题，比如只用回答是或否的问题。

方法三：建议法

通常情况下，提建议往往很容易让人不舒服，但如果我们另辟蹊径，通过提建议表达赞美，或许会有出乎意料的效果。具体怎么做会比较好呢？

例如：

赞美别人菜做得好吃，可以这样说：

"哎呀，这道菜太好吃了，你要不想做现在的工作了开个东北菜馆，一定火！"

赞美别人歌唱得好听，可以这样说：

"你这歌唱得也太好听了吧，可以去参加唱歌比赛了啊！"

赞美别人球打得好，可以这样说：

"哎呀，我建议你去参加一个专业比赛吧！"

注意：

使用建议法的时候，一定要建议一件比现在这件事情更厉害的事。比如，赞美别人歌唱得好听，如果对方现在只是自娱自乐，就可以建议他去参加比赛；如果对方有一定的基础，就可以建议他去参加更加专业的比赛……关键是要让对方领会到他有超出目前水平的实力。

方法四：对比法

对比法是运用两个事物或者两个群体的对比，来赞美一方的优势。简单来说，就是抬高一方，贬低一方。

例如：

赞美别人能力强，可以这样说：

"您是我从小到大见过的老师之中，讲得最幽默风趣的一位。我很喜欢您的风格。"

赞美观众热情，可以这样说：

"上海的朋友们，你们好。你们是我见过最热情的伙伴！"

注意：

对比法的应用场景相对来说比较多，也比较好上手，但一定要注意的是，在使用对比法的过程中，不要对比得太具体，否则就会让人有一种人身攻击的感觉。比如赞美老师的例子，如果我们这样对比就不是很好："李老师，我觉得您的课讲得简直太好了，比张三老师讲得好多啦。"出现了具体某人的名字，如果传到对方的耳朵里就会变得很尴尬。为了避免这样的情况，还是不要进行这样具体的对比，只需要在整体层面进行对比就好了。

同时，对比法与对等法有一定的区别。对比法是双方对比，有一方具有明显优势。而对等法是将不专业的与专业的相比较，形容一种专业效果，从而达到赞美的效果。

方法五：价值赞美法

谈价值这种方式在职场中非常常见，我们要凸显对方在自己心目当中的位置，营造一种"只有你值得"的感觉，才能让对方觉得自己的存在很有价值。

例如：

赞美别人值得，可以这样说：

"老师，我特意每天开两个小时的车就为了能够来听您的课，我实在是太喜欢您的授课风格了。"

"老王，我把我珍藏20年的普洱拿出来给你尝尝，别人来我这里，都没这待遇。"

注意:

在价值法使用的过程中，也不能出现具体的人名。比如说："老王，我把我珍藏 20 年的普洱拿出来给你尝尝，上次小李来我这里，都没这待遇。"

这样直接说出人名，虽然不至于引起这两个人的纷争，但总归给人不舒服的感觉，所以需要格外注意。

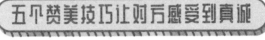

2. 自嘲，是一种高级的赞美

在众多赞美技巧中，有一种技巧几乎是所有情商高的人都会采用的方式——自嘲。上文中曾提到自嘲这种方法，本节将更详细地讲述这种方法的魅力。

嘲笑自己的人，并不是在贬低自己，相反，自嘲是一种内心强大的表现。嘲笑自己的人会给别人带来自谦的感觉，往往更受别人欢迎。学会自嘲是一种高情商的体现，同时，自嘲这种抬高别人贬低自己的方式，也是一种"高级"的赞美方式。那我们应该怎样用自嘲达到我们的目的呢？可以采用以下两种方式。

（1）用自嘲获得别人的尊重与敬佩

著名演说家萧伯纳在一次演讲中，嘲笑自己做过的一件蠢事。

有一次，萧伯纳从苏联访问归来后说："我自命不凡，却受到了一个小姑娘的教训。"

他说："有一天，我在街上遇见了一个苏联小姑娘，她很招人喜欢，我便跟她玩了很久。临别时，我和她说：'回去告诉你妈妈，今天同你玩耍的是世界上有名的萧伯纳。'可是那个小姑娘竟然学着我的口吻说：'回去告诉你妈妈，说今天同你玩的人是苏联姑娘玛莎。'"

台下观众听到了这番话，都忍不住哈哈大笑。萧伯纳接着说："我想，在座的各位一定不会跟我一样，做出这么愚蠢的事情了。不论自己的名气有多大，永远要记住，这个世界上不是所有人都认识你！"

对于萧伯纳本人而言，这件小事让他知道，人无论有多大的成就都要保持谦虚。对于在场观众而言，在舞台上勇于自嘲的萧伯纳更值得尊重和敬佩，同时，也侧面抬高了台下的观众。

我们总羞于将自己的蠢事说出来。但当我们可以坦然说出自己做的蠢事的时候，在博别人一笑的同时，我们既能获得别人的认可，也可以彰显自己的格局之大。

（2）用自嘲来回应别人的抨击

作家伊丽莎白·吉尔伯特于 2006 年出版的高人气自传小说《美食，祈祷，恋爱》风靡全球，并被改编成电影，由影后朱莉娅·罗伯茨主演。然而，电影总票房并不高，反响也不好。但作者伊丽莎白·吉尔伯特并没有在乎那些犀利的评论。2010 年，伊丽莎白·吉尔伯特再出新作，在新书发布会上，她主动开起上一本书的玩笑："《美食，祈祷，恋爱》就像一个手榴弹，我把它丢给了全世界。我想不管电影怎么样，大家都可以好好发泄出来，然后开始新的生活了。事实也是如此。我相信此时此刻面对全新生活的你们，一定也不会被之前的情绪所影响了。"

在生活中，我们的一些想法和做法难免会受到别人的抨击。很多人面对别人的批评指责时会特别难过、特别纠结，但其实并不值得如此，这些想法和做法只是我们一时之间看待世界的看法而已，我们都会成长。伊丽莎白·吉尔伯特深深地明白这个道理，所以她并不在意，反而主动提起那段"黑历史"，并且在最后夸奖了读者和观众，她一定是大度不计较过去的人。用自嘲的方式进行反击和赞美，更是一种高情商的体现。我们越坦诚，就越能够得到别人的认可和赞同。

我曾在头条号上写过一些自己的小观点，被网友冷嘲热讽。当有朋友问起的时候，我都会微笑着回答："我自己现在看了这篇短文，也会觉得当时自己的想法过于情绪化。我感谢这些嘲讽我的人，如果没有他们，这篇短文无法超过 10 万的阅读量。"

3. 提建议，巧用赞美轻松说服

上文 5 种夸人的技巧中也曾提到，无论是生活还是工作，无论是给别人提建议，还是别人给我们提建议，方式过于直接的话，总会给人不舒服的感觉。但是，身为朋友、同事或者家人，我们又希望对方更好，希望对方通过自我调整和改进变得更加优秀，所以即使对方不爱听，我们也不得不给对方提建议。那如何提建议能够让对方的接受度更高呢？不妨试试先扬后抑的方式。

简单来说，就是先赞扬和抬高对方，之后再提建议。

例如，在《吐槽大会》上，李诞就运用了先扬后抑的方式来给导演王晶提建议。

"王晶导演确实厉害，参与制作过将近 400 部电影，很多人一辈子都没看过这么多电影。如果你看了王晶参与的 400 部电影，你就会发现，这大概是 4 部电影和它们的翻拍。劝王导以后就在电影开头写提示，本故事纯属虚构，如有雷同，巧了，都是我拍的。"

　　李诞的这段话前面的铺垫部分，就是先"扬"，夸奖王晶非常优秀，"参与制作过将近 400 部电影，很多人一辈子都没看过这么多电影"。然后再"抑"，"这 400 部电影大概就是 4 部电影和它们的翻拍"，没有直接建议王晶导演不要再拍这种片子了，而是用了这种先赞美再建议的方式，比较让人容易接受，能起到很好的效果。

　　需要注意的是，《吐槽大会》这类综艺节目上的讲话，更多的是为了节目效果，与实际生活还是有些区别的。但用夸奖来提建议的方式确实值得运用。

　　我们在生活中可以尝试这样运用。

　　比如，领导开会时精力旺盛，从下午 2 点一直开到晚上 8 点，没有结束的意思。大家其实都很累了，但是没有人敢说。

　　这时候，如果我们想表达真实的想法，建议领导休息一下，肯定不能直接说"领导，没有人想听了，快结束吧"。

　　如果我们尝试用"先扬后抑"的方法，就可以说："领导体力真好，开了这么久的会还是精神饱满，不像我们，学了这么多，脑子就已经转不动了。不知可不可以麻烦领导照顾一下我们这些脑子笨的人，先休息一下？"

　　再比如，有个朋友特别能说话，每次他说话别人都没有插嘴的份儿，我们可以这样说："你是我们所有人当中口才最好的，最能言善辩的一个了。在我们这里你都屈才了，要不要考虑上一下《奇葩说》或者《吐槽大会》，你参加了这些节目，说不定会火！"

需要注意的是，在使用这种方法的时候，切记不要阴阳怪气，否则会让别人有一种被讽刺的感觉。

所有表达都要基于真诚，才能发挥真正的作用。

06 | 赞美要适度，夸人要恰到好处

哥尔多尼说过："过分的赞美会变成阿谀。"赞美可以收获好人缘，爱赞美的人也更受欢迎，但赞美切忌浮夸。不走心的客套话人人都会说，过度的赞美可能起不到好的效果，反而会破坏关系。只有走心、坦诚、恰到好处的赞美，才能够打动人心。

1. 真诚的赞美，才能打动人心

有一次，汉高祖刘邦与韩信谈论各自带兵的才能谁高谁低。刘邦问："你看我能指挥多少兵马？"韩信回答："皇上最多能指挥十万兵马。"刘邦又问："那你能指挥多少呢？"韩信非常自信地回答："我当然越多越好。"刘邦笑道："既然你带兵的本领比我大，为什么为我所用呢？"韩信非常诚恳地说："皇上虽然不善于指挥兵马，但善于驾驭将才能人为皇上效力，这就是我为皇上所用的原因。"刘邦微笑着点了点头。

韩信的赞美恰到好处，并没有夸大其词，一味地吹捧刘邦的带

兵能力，而是实事求是地夸奖了刘邦的管理能力。所以，刘邦也很开心，管理好一个能人胜过管理千军万马。

除了实事求是之外，真诚的赞美还可以是夸奖对方的努力过程。

小王是销售部刚入职不到两个月的实习员工，因为工作努力，业绩很好，所以还没过3个月的实习期，就被直接转正。小王本来很开心，却在上厕所的时候，无意间听到同事在议论他这么快转正是不是走了后门。于是小王的心情一落千丈，越来越无心工作了。

小王的师父老张好像看出了小王的顾虑，跟他说："你真的很棒，很努力，我亲眼看见你为了谈成一单，一遍一遍地给拒绝你的客户打电话，甚至很早就跑到了客户公司楼下等他，为他服务。这件事直到客户打电话给公司，跟领导夸了你，我们才知道。我们公司从来没有提前转正这种情况，你是第一个，你给大家开了一个好头。我觉得你还能再创奇迹。"

小王听完泪流满面，第二天重整旗鼓，继续努力工作。

这个时代越来越重视结果、效率，往往忽略了过程。当我们赞美他人的努力过程时，能够很容易地触动他人，比夸奖结果更有效。

2. 赞美有内涵，才能不露声色

有的时候，我们夸奖一些身份地位比较高的人或者是有学识的人，我们更希望自己的夸奖有内涵、有深度，这样才能让对方感觉到我们是在真心实意地夸奖他们。

之前有个小伙子听说送"高帽"可以获得别人的欣赏，于是决心一定要送出去 100 顶高帽子。当他送出去 99 顶，还剩一顶送不出去的时候。他跟自己的老师说起了这件事情："高帽子确实有很好的效果，很多人都记住我了，但是我还剩下一顶送不出去怎么办啊？"老师："哈哈，那我觉得你送不出去了，因为我是绝对不会接受你这种方式的，对什么样的高帽子我都'免疫'。"小伙子："是啊，老师。毕竟天底下像您这样既有智慧，又有想法，又正直的人实在是太少了啊。"老师听完之后，微笑着点了点头。小伙子心想："100 顶帽子送完啦。"

对一些有内涵或者身份地位相对较高的人来说，简单的赞美和浮夸的赞美都不能够打动他们。赞美他们的人品，给他们一顶"高帽子"，对他们表示诚恳的尊重和赞赏，才能更好地打动他们。

对于这类对普通赞美没有兴趣的人来说，我们表达赞美就更加需要一些技巧了。

（1）赞美要适度

前文说的赞美要真诚，这里也要格外注意。真诚意味着单纯的动机，赞美的时候不要有所企图。只有适度而不夸张的赞美才是真诚的。

（2）赞美要以化解矛盾为目的

比如双方观点不一致的时候，可以用赞美的方式化解矛盾，促进彼此的沟通和理解。

（3）赞美要有新意

对于自身对普通赞美没有兴趣的人，如果只是用常见的方式去夸赞他，通常是没有什么效果的。但是如果你能出其不意地赞美，就像上面案例中的小伙子赞美老师一样，被赞美者就会不自觉地接受赞美并感到开心了。

（4）赞美要有理有据

赞美的时候一定要具体说明赞美他人的原因是什么，做到有理有据，这样别人才更愿意接受赞美。相反，假大空的赞美通常会让人产生反感。

3. 赞美因人而异，才能深入人心

当我们学会了以上方法后，还要注意，夸人的时候一定要"因人而异"。我相信很多男生很有感触，明明前一秒夸一个女生"真漂亮"时，这个女生是心花怒放的，但下一秒夸另外一个女生"真漂亮"后，却遭到了白眼。这很有可能是因为我们没有因人而异地夸奖，也就是夸人要夸到心坎里。

DISC社群联合创始人李海峰在《我为什么看不懂你》这本书中提道：我为什么看不懂你？因为我们来自不同的世界。同理，我们无法让相同的夸奖在所有人身上奏效，这主要是因为人和人本身就是不一样的。下面就让我们来简单了解一下，不同的人可以具体表现为哪几种，我们又该怎样夸到对方的心坎里。

具体需要注意以下两点。

（1）4种不同性格的人，有不同的关注点

不同性格的人关注点不同，有针对性的夸奖可以达到事半功倍的效果。这就不得不提 DISC 性格理论。DISC 性格理论是一种"人类行为语言"，最早由美国心理学家威廉·莫尔顿·马斯顿在《常人之情绪：DISC 理论原型》这本书中提出。DISC 性格理论主要把人的性格分为 D、I、S、C 4 种。

D（Dominance）：支配型（指挥者）

更加在乎结果、效率、目标、身份、地位等。对于任何夸奖都毫不在意。如果 D 型的人恰好是领导，随意的夸奖会被认为是在拍马屁，而且还容易拍到"马蹄子"上，甚至他还可能认为你是工作量不够饱和，闲着没事做。

I（Influence）：影响型（社交者）

更在乎好氛围、好感觉，更喜欢被关注。对于任何夸奖他们都会非常开心，而且喜形于色。他们的人生哲理可以归结为一句话：开心就好。所以，I 型的人既乐于夸奖别人，给别人带来快乐，也非常喜欢得到别人对自己的认可和夸奖。

S（Steadiness）：稳健型（支持者）

为人比较随和，善于倾听，性格偏内向，比较害羞，比较注重家庭。对于夸奖他们也会喜欢，但是因为性格中偏内向的因素，所以他们在突然听到夸奖时会比较害羞，但内心是开心的，只是羞于表露。

C（Compliance）：服从型（思考者）

思考比较多，做事比较严谨、有条不紊、追求完美，在乎事超过在乎人。夸奖 C 型的人时，不要敷衍地夸奖，如果只是一句"你今天真漂亮"，他们会想很多：难道我昨天不漂亮？为什么今天夸我？是不是有事求我？

（2）对于不同性格的人的夸奖，要有不同的关注点

对 D 型群体来说，夸奖其漂亮不如夸奖其能力和影响力。因为能力和影响力都跟目标和地位有关，也是 D 型人很关心的问题。

夸 I 型人并不难，在他们的世界里，只要被夸奖就是开心的。

夸 S 型人要委婉，因为他们比较害羞，太过直接的夸奖有时会"吓到"他们，有铺垫的表达会更容易让他们接受。

夸 C 型人要注意细节，如果夸得不够具体，逻辑不够通顺，很容易让 C 型人误会，所以夸 C 型人的时候要有理、有据、有过程，甚至有数据，这样才能让他们信服。

对四种不同性格的人的夸奖方式

夸奖漂亮不如夸奖能力和影响力

任何夸奖都会让他们非常开心

有铺垫的表达会更容易被接受

夸奖要有理有据甚至有数据

Part3

会幽默：有趣的灵魂，和任何人都聊得来

幽默的人通常更受欢迎，因为友善的幽默能传递真诚和友爱，拉近人与人之间的距离。

有一次，萧伯纳走在路上，被一个骑自行车的人撞倒了，幸好没有受伤。骑车的人扶起他后不断道歉，萧伯纳用惋惜的口吻说："先生，你的运气真不好，要是把我撞死了，你就可以名扬四海了！"幽默的萧伯纳用一句话就化解了对方的紧张，传递出自己的友爱和宽容，两个人后来也成了好朋友。

林语堂在《论幽默》中阐述了一个观点，真正幽默的人，能自嘲，有智慧，具有怜悯之心。幽默的人通常有比较高的共情力，因此他们的人际交往能力通常比较好。

幽默不仅能让我们赢得更多好人缘，使沟通更顺畅，还能帮助我们在职场中获得更多的机会。因此，学会幽默百利而无一害。

本章通过幽默的人都有共情力、幽默的技巧和用幽默化解尴尬三方面，来帮我们认识幽默在生活及职场中的重要作用，同时详细解读恰当的幽默技巧，以便我们能在各种场合中灵活运用幽默沟通法。

你是否羡慕身边那些出口就能逗笑旁人的人？与其羡慕，不如把自己变成那样的人吧！幽默是提升自己的沟通能力，也是理解他人、和他人交往有利的工具之一。

07 | 幽默的人都有共情力

莎士比亚曾说，幽默和风趣是智慧的闪现。其实幽默的人，之所以能够让他人会心一笑，主要是因为他们能够站在他人的立场上去思考问题，这是一种共情力的体现。恰当的幽默不仅可以让本来愉悦的氛围锦上添花，还能帮我们避免冷场，打破尴尬氛围。因此，在这个社会上，成为一个幽默的人，培养有趣的灵魂，通常可以让我们获得更多人的喜欢。

1. 说话太过耿直？幽默感帮你说话更得体

在我们的生活中总有些人说话过于耿直，他们通常不懂幽默，有的时候甚至连别人的玩笑也听不懂，经常让身边的氛围变得尴尬。

木木是大家公认的说话太过直接的人。有一次，同事小王买了一个高仿包回来，到处跟同事说："你看我这个包，高仿的材质跟真的没什么两样，价格非常便宜，才500元，你看怎么样？"大家都夸小王买的包物美价廉，会买东西，而且说包的颜色跟她当天的穿着很搭配。当小王问到木木的时候，木木这样回答："包是挺好看的，价格其实也没有那么便宜，我前两天路过一个店，看到了一个包跟你这个一模一样，才卖 200 元。"小王听后，瞬间就不想说话了。这个时候张华出来解围："哇，小王，这包你背真合适，你不说我真没看出来这是个高仿品，我一直以为是真货呢。我刚想说有钱人不得了，都买大牌子的包。"

木木看到的价格更低的包一定是一个事实，但是她在小王展示自己物美价廉的包的时候直接说出来，未免有些太过直接。其他的同事也有可能看到过价格更低、材质更好的包，但是她们都不会选择在这种情况下将实际情况告诉小王。因为这本就不是一件大事，而且小王正开心，在开心的情绪中她更需要别人的认可。像木木这种直接的表现，在这种情况下反而起到了不好的作用。而张华用"有钱人不得了"这样的小幽默顺利地解围，避免了一次"办公室风波"。

要成为一个幽默的人，首先要知道什么是幽默感。幽默感是一种特殊的情绪表态，建立在亲切感的基础上，是对人性化萌态的一种关照效果。通常来说，富有幽默感的人都富有同理心。幽默是有一定条件的，它需要同时与人性、幽默主体的人设和特定场合相匹配。

有些人会对幽默感有误解，认为幽默感就是讲段子。我们在生活中或许会遇到这样的场景，同一段话，《吐槽大会》上讲完我们会哈哈大笑，觉得很幽默，但是某个朋友讲完，我们却觉得很尴尬。幽默失败的原因有很多，比如这个段子是否符合当下的场景，是否适合当下讲述的这个人，听的人是否听得懂。

由此来看，幽默感本质上无法完全复制，因为它要符合当下个人的人设和场合，这些都是变量。幽默感不能单单被理解为讲个笑话，而应该是一个人从内而外散发出来的快乐情绪，是一种符合当下场景、人设、人群的幽默表现形式。

2. 冷场？幽默夸人法帮你打破沉默

在第二章里，我们讲到了会赞美的人拥有好人缘，而赞美结合幽默，更能让效果加倍。通常幽默的人夸起人来不会显得刻意，并且他们善于站在别人的角度思考问题，更让人开心。下面介绍 3 种幽默夸奖法，帮助大家在遇到冷场的情况下，快速"破冰"。

（1）递进式幽默夸奖法

当我们被别人帮助后想要表示感谢的时候，通常我们只是简单地表达："谢谢你啊，太感谢了。"这样的表达很常见，也没有问题，不过别人的记忆可能就没有那么深刻。不妨试试递进式的幽默夸奖法，你可以尝试这样说："你长得好看也就算了，人还这么好，帮了我的大忙，太感谢了。"这样的幽默式夸奖会博得对方一笑，不仅仅夸了对方的长相，也感谢了对方对自己的帮助。

（2）增强式幽默夸奖

平时早上看到了同事，我们都是简单地说声："早。"其实，早上见到同事除了打招呼之外，还可以夸奖一句："早，你今天真漂亮。"同事的心情就会很好，如果再使用增强式幽默法来夸奖呢？可以尝试这样说："你今天真漂亮，果然颜值高，怎么打扮都好看。"那同事可能不仅仅是开心了，可能对你更有好感了，因为这样的夸奖很难不让人喜欢。

（3）自嘲式幽默夸奖

如果我们是上司，因为工作关系，有时候难免会让下属觉得在面对我们时有些压力，那不妨在下属出色完成任务的时候给予一些夸奖。有的上司可能这么说："干得不错，继续努力！"这样的夸奖虽然没什么问题，但是容易导致下属产生紧张的感觉。不妨试试自嘲式幽默夸奖，比如："这件事我让你模仿着做，没让你超越啊，这次做得真不错！"这样下属在得到肯定的同时，心情也会更轻松。

有人问，身为领导，这样自嘲会不会太丢面子？不会的，越是身份地位高的人来使用自嘲的方式，越容易给人亲近感，反而会让别人更加尊敬，因为此时的自嘲体现出来的是一种谦虚。

3. 有人说错话？一句话幽默解围

在人际交往时，人难免有说错话的时候。有的话，可能说话者本人刚说出口就发现不对了，但又不知道怎么挽回，这个时候我们可以利用幽默的方式帮对方解围。面带微笑的幽默，往往胜过费力的解释。

著名演员新凤霞和丈夫有一次举办敬老晚宴，当时年届九十的齐白石也在保姆的陪同下来到了晚宴现场。齐白石坐下后，就拉着新凤霞的手慈爱地端详着。旁边的保姆不好意思地对齐白石说："您总盯着人家女士看什么呀？"保姆一说完就知道自己说错话了，气氛一度尴尬。

这时新凤霞笑着对齐白石说："您看吧，我是个演员，不怕看，就是给别人看的。"这句话一出，在场的所有人都笑了，气氛一下子就好了起来。

之所以会陷入这种尴尬的气氛，是因为保姆在这种场合下说这句话并不合适，对于这种无心之失，只需要一句幽默的话就可以解围。

通常幽默的话语不仅仅可以为他人解围，还可以为自己解围。

一帮老同学聚会，大林问女同学小美："见到你实在是太高兴了，你老公还好吧？"

小美回答："我还没结婚呢！"

大林接着淡定地说："我懂了，你老公还没娶你呢！"

有的时候聊到彼此的情感生活，比如上文中的情景，经常会出现两种情况，一种是刨根问底，会让当事人很不舒服，甚至不欢而散。另一种是热心肠，想要给对方介绍对象，但当事人也不一定开心。所以，用幽默的方式回复："你老公还没娶你呢。"一句带过，切换话题，就能很好地解决问题。

在这种别人或自己说错话的情况下，保持清醒的头脑，用轻松的话语来调节气氛，常常能展现一个人的魅力，这样的人的人际关系一般也非常好。

在日常生活中，我们缺乏幽默感的原因有很多，很大的原因在于，我们不能以一种轻松的心态来面对出现的窘境，遇到别人或自己说错话的情况，我们自己先紧张起来，无法迅速转换思维，给对方或自己解围。因此，我们在遇到这种有人说错话的情况时，首先应保持心态平稳，才能有思绪去考虑幽默的解决方式，但前提是我们要懂得一些幽默技巧，这在下一节，我将为大家进行详细的讲解。

08 ｜一学就会的幽默技巧

当我们慢慢学会共情，并找到自己的幽默感后，再学习一些幽默小技巧，我们就会慢慢成为别人口中"情商高"的人了。幽默技巧并不难，只要我们愿意学，愿意实践，常常能一学就会。

1. "出其不意"幽默法，提升你的说话魅力

出其不意是幽默感的基本要求之一，即不按套路出牌，当大家反应过来时，就会露出会心一笑，达到幽默的目的。

《三体》的作者刘慈欣相信大家并不陌生，之前刘慈欣在接受采访的时候，就运用了出其不意的幽默方式，让更多人知道他不仅仅是一个科幻小说作家，还是一个幽默大师。

有人问刘慈欣："科幻与科学究竟是什么关系？"

他回答："科幻和科学是一对'好基友'，科幻的发展一定离不开现代科技的进步，科学技术是我们科幻作家的衣食父母，给了我们这碗饭吃。我们的故事就是从科学和技术中挖掘的。"

又有人接着问："您怎么理解人工智能？"

刘慈欣说："谷歌的阿尔法狗赢了柯洁，这个算不上是什么人工智能，这是理所应当的，因为这是阿尔法狗擅长的。真正的人工智能是什么？并不是赢柯洁，而是当它赢不了柯洁的时候，非常愤怒地拿起棋盘向柯洁脸上砸去，这才是人工智能！"台下观众听完之后笑成一片。

无论是"好基友"，还是阿尔法狗的"恼羞成怒"，都令所有人出乎意料，大家并没有猜到刘慈欣会说出这样的答案。而这种出其不意又显得很合乎情理，所以大家都很开心地笑了，也觉得刘慈欣很幽默。

"出其不意"这种方法在我们日常生活中也有很多运用，有的时候，一句简单的话就可以达到这样的效果。

当别人站在我们身边显得很紧张的时候，我们可以这样说："别紧张，不用怕，我也不是什么坏人。但我坏起来不是人。"有助于缓解当事人的紧张。

当别人嘲笑我们没有成功的时候，我们可以尝试这样说："那是因为我通往成功的路，一直在施工。"

就像前面提到的，幽默需要特定的条件，只有符合当时的语境，符合当时人群的幽默，才能发挥它的作用，否则可能会让人以为那是讽刺，就得不偿失了。

2."重新定义"幽默法，提升个人感染力

我国著名的相声演员姜昆说："现代人讲究快，什么事情都希望快。就连相声都恨不得一分钟就听完，所以现代人喜欢的笑话也很短。"这在幽默方法上同样适用，通常情况下，幽默的表达都很简单，往往只需几句话，就能达到很好的效果，具体有以下这几种方式。

（1）"引起好奇"

"你一个月赚多少钱啊？"

"我一个月赚 30 万。"

"你是做什么的？"

"我做梦的。"

这个小段子的幽默形式叫"引起好奇"，当大家听到"30 万"的工资时，一定很好奇到底是什么工作能够赚这么多钱，而最后"做梦"的回答则既出乎意料又在情理之中。在日常生活中，如果我们遇到不熟悉的人打听工资情况，而自己不愿意透露时，可以试着用幽默的方式来解围。

（2）"驴唇不对马嘴"

"几点了？"

"9 800 点了。"

"我问什么时候？"

"昨天晚上跌的时候。"

"你出去吧。"

"出不去了，全被套牢了。"

这个小段子用的幽默技巧叫"驴唇不对马嘴"。两个人的对话全程不在一个频道上，荒诞有趣。当我们遇到不想回答的问题时，就可以用这种方式来化解尴尬。

（3）"重新定义"

有一次，国画大石张大千和京剧大师梅兰芳共同参加宴会，张大千走过去给梅兰芳敬酒说："您是君子，我是小人，我敬您一杯。"众人非常疑惑。张大千不慌不忙地笑着说："君子动口不动手，小人动手不动口。您唱戏动口自然是君子，我画画动手当然是小人。"大家听完哈哈一笑。

这个故事所用的幽默技巧是"重新定义"，"君子"和"小人"被张大千重新定义，起到了幽默的作用。

3.8 个高情商聊天话术，瞬间提升幽默感

随着社会的发展，我们的沟通交流更多是以线上沟通的方式进行。这种线上发送信息的方式给了我们更大的幽默空间，因为我们不需要像面对面沟通那样即时做出回应，而且聊天时使用的文字形式也更丰富。

"在吗？"

"睡了吗？"

"我喜欢你。"

"你一个人吗？"

"认识你很高兴。"

我们经常会收到这样的消息，简单的回应常常很刻板，容易让人感到冷漠，但如果我们能变换一下思路，就可以秒变高情商。比如下面这 8 个聊天案例可供参考。

（1）

"在吗？"

"你先说什么事儿吧，我再决定在不在。"

（2）

"我喜欢你。"

"你眼光真好，我也非常喜欢我自己。"

（3）

"你一个人吗？"

"我怕我说半个人会吓死你。"

（4）

当别人不搭理你的时候，你可以说：

"今天你对我爱答不理，明天我继续找你。"

（5）

当对方快要生气的时候，你可以说：

"你一定想骂我，可是你根本不了解我，了解我的朋友，此时此刻一定想打我。"

（6）

劝别人、给别人忠告的时候，比如劝别人骑电动车时戴头盔，你可以说：

"给各位骑电动车的人一个忠告啊，骑车的时候一定要戴上头盔，因为如果不戴，可能会被开特斯拉的同学认出来。"

（7）

当别人说你小气的时候，你可以说：

"我已经不是那个花20块钱都要考虑一下的人了，现在花2块钱我都要好好考虑一下。"

（8）

当别人说你不会做饭的时候，你可以说：

"虽然我不会做饭，但是我会点外卖啊。"

09 ｜幽默是化解尴尬的良药

有人说："幽默是生活波涛里的救生圈。"没错，在一些普通的场合中，幽默是调味剂，让平凡的生活多一分欢乐；在愉悦的氛围中，幽默是包装精美礼物的漂亮的礼品盒，给快乐加大筹码；在尴尬的场合中，幽默就是缓解气氛的救生圈，将人从尴尬中解救出来。

1.遇到尴尬的问题，巧用幽默化解矛盾

我们在生活和工作中难免会面对别人提出的一些尴尬问题，这些问题往往会让我们心生不快，难以理性回答。但幽默的人往往可以瞬间化解这类问题造成的尴尬。

黄渤在演艺圈中向来以高情商著称。一次，黄渤和闫妮因为共同出演《斗牛》而一同接受采访。闫妮说："我之前合作的男星都是帅哥级别的，我跟你演夫妻，我就知道我要走向丑星的行列了。"

黄渤并没有觉得难堪，而是自然地说："那我跟你合作，我就要走向帅哥的行列了。"这句话既化解了尴尬，又赞美了闫妮，一举

两得。

　　还有一次，黄渤接受采访，记者问："黄渤老师，您认为高圆圆和林志玲谁更美？"

　　黄渤说："平时听到她们两个中任何一个人的名字，我都会有眩晕感。你现在一下子说了两个人，我现在就是重度眩晕。"

　　黄渤曾经参加《鲁豫有约》，鲁豫问他："你现在很火吧？"

　　黄渤说："那肯定是火，你想我都能坐在这儿跟鲁豫聊天了，那还不火吗？"再一次巧妙地回答了这类一不留神就会造成尴尬的问题，同时又夸奖了鲁豫。

　　不仅在平时的工作和生活上，我们可以用幽默化解尴尬，即使在国家外交场合中，也经常用到这种方法。外交发言中，我方经常会面对一些尖锐的、不友好的问题，这就需要我方的外交发言人用机智幽默的反应及时化解尴尬和矛盾。

　　一次，美国记者在采访周总理的时候，无意中看到总理桌子上有一支派克钢笔，而派克钢笔是美国生产的，于是记者故意用不解的口吻问道："请问总理阁下，你身为堂堂中国人，为什么还要用我们美国的钢笔呢？"

　　周总理听后，不仅没有生气，还风趣地说："谈起这支钢笔，还真的是说来话长。简单说，这是之前一位朝鲜朋友的抗美战利品，他把钢笔作为礼物送给我了。"

　　美国记者当时就无言以对了。周总理运用自己的机智和幽默，既维护了国家的体面，又有力地反击了他国记者的挑衅。

面对这种尴尬的场面，我们首先需要一颗强大的内心，保持从容淡定，然后从对方的话中找到突破点，巧用幽默化解尴尬与矛盾。

2. 被人夸奖，幽默回应有智慧

很多时候，当别人夸奖我们时，我们会觉得不好意思，不知道如何回应才能显得大方得体。其实，如果我们懂得一点小幽默，就可以轻松应对。

当别人夸你"颜值高"时，你除了简单回答"谢谢"之外，还可以这样回答："我就喜欢你一本正经地说大实话。""哪里哪里，随便长长而已。""相比这个，我更喜欢你的眼光。""怪不得大家一直说你是最有眼光的人。"

当别人夸你"有能力"时，你可以这样回答："咱们果然是英雄所见略同。""人以群分，物以类聚，你们这么优秀，我肯定要追赶上你们啊。"

当别人夸你"人缘好"时，你可以这样回答："所以认识了你啊！""有我这么有人缘的朋友，你比我人缘更好。"

被人夸了不用不好意思，这里总结了几个方法，帮你幽默、自然地回应别人的夸奖。

（1）接受夸奖

当别人夸赞你的时候，如果你认同对方夸赞的内容，那么你可以表示接受，并且表达感谢之情。比如别人夸你今天穿得很好看。

通常的回答是："谢谢你的夸奖。"幽默一点的回答是："那是你的观察力和审美力好。"

（2）谦虚回应

中国人普遍具有谦虚的品质，通常被其他人夸赞后，大家更习惯于谦虚地回应："哪里哪里，过奖了。"这种谦虚的态度通常能获得他人的好感，不过谦虚也有更幽默的回应方式，比如当别人夸你五官长得好看时，你可以回答："都是爹妈给的，没我什么事儿。"

（3）反过来夸赞对方

当别人夸你的时候，你在表达感谢的同时，可以反过来夸赞对方，比如夸对方沟通能力好等，通常这样的回应自带幽默效果。

（4）调侃式的回应

适度的调侃通常能让氛围变得更轻松。比如别人夸你优秀的时候，你可以调侃说："是啊，要不然怎么能认识你这么优秀的朋友。"

3. 被人戳痛处，幽默应对有格局

有时候，朋友一句无心的话，比如"你变黑了""你胖了"等，戳中了我们的痛点，但是我们又不能因为一句话就翻脸，所以如果能用一句幽默的话带过，就再好不过了。

当别人说："你晒黑了。"你可以这样回答："哈哈，我故意晒黑的，因为我不想做一个肤浅的人。""这你就不懂了吧，我黑是为了方便暗中观察你。""人到这个世界上走一遭，不能白活啊！"

当别人说："你胖了啊！"你可以尝试这样回答："唉，没办法，有钱的时候就是管不住嘴。""没关系，不管胖瘦，以后都是要一起跳广场舞的。""唉，瘦下来就太完美了。""减肥没那么容易呀，身上的每一块肉都有它自己的想法。"

被人戳中痛处的时候，千万要保持冷静，想一下对方说这些话是不是无心的，如果是无心的，那么就一笑而过，这样对方意识到自己说错话的时候，也不至于太尴尬。

除了微笑面对，还要调节自己的情绪，保持大度量，度量大的人通常活得更舒适。

也可以选择直面回应该问题，比如幽默地说："您才是厉害，做过那么多厉害的事情，让我学到不少东西。"

表示肯定，不管对方说什么夸张的事情，都认同对方，不和对方争执。这种情况下，通常用不了多少时间，对方就会对发表一些戳人痛处的言论感到无聊，自然就会放弃这种做法。

记住，保持冷静、微笑面对、直面问题、无条件赞同对方所说的话，做到这4点，我们就可以轻松应对他人戳到痛处的情况了。

Part4

会拒绝：学会说"不"，人生更自由

你在生活中是否遇到过这样的问题，明明别人提的是不合理的要求，或者自己不愿做的事，自己却不知道怎么拒绝，总是委屈自己，勉强答应。我们不会拒绝的原因往往有两点：拒绝后自己感到内疚或者拒绝导致关系破裂。

但是，我们可能不知道，我们委屈自己去答应别人，通常不能促进关系的发展，甚至有可能让关系失衡。

如果他人真的有困难需要帮忙，那么我们可以力所能及地施与帮助，可是碰到自己也没办法帮忙的事情时，我们就要学会巧妙地拒绝。学会说"不"也是有技巧的，不能让别人觉得你完全没有同情心，对你们之间的关系毫不在乎。

如何说"不"是一种沟通的智慧。当我们处理重大事情时，不能含糊，就应该明确说"不"；当朋友或同事真的需要帮忙而我们又无能为力时，就需要用合理的理由来拒绝他，甚至提出一些解决意见；当我们在人际交往中遇到违反自己原则的事情时，需要借助一些手段来拒绝。

本章通过敢拒绝、会拒绝和酒桌拒绝法 3 个方面，教会我们在面对生活与职场中一些需要拒绝的场合时，该怎样用正确的方法说"不"。

人不能无底线地善良，不能永远是好脾气，这样并不能提高你在他人心中的分量，而且还很容易因为某一次的拒绝导致关系走向破裂。所以，做一个有原则的人，你的人际交往才会更轻松。

10 ｜敢拒绝：掌握办事分寸和尺度

无论在生活还是工作中，我们总会担心拒绝别人会给别人留下不好的印象，所以出现很多迎合他人的"老好人"，但"老好人"并不一定真的受别人欢迎，有时候还容易成为别人"欺负"的对象。"老好人"因为不懂得拒绝别人，也不懂得如何正确维护自己的人际关系，常常让自己陷入人际关系的困境中。实际上，做一个拿捏有度的人并不难，学会说"不"也并不会伤感情。

1. 拒绝是你的权利，两招学会巧妙拒绝

在日常交往中，我们总会遇到一些自己不想做的事情，想拒绝又怕得罪人，那么怎样做才能巧妙地拒绝别人呢？不妨试试拖延战术和成本战术。

（1）拖延战术

拖延战术的诀窍在于不直接当场拒绝，而在表达拒绝意思的时候留下余地，给人一种想帮忙但是由于外在因素而无法帮忙的感觉。

杨浩总喜欢找别人帮忙，明明自己可以做的事，却习惯了麻烦别人。有一次杨浩搬家，请朋友江生帮忙。

杨浩："哥们儿，明天来帮我搬个家吧。"

江生："兄弟，明天实在是太忙了，你明天啥时候搬家？"

杨浩："我明天上午搬家，大概10点吧。"

江生："我上午开会，可能要开到晚上6点，那个时候行吗？"

杨浩："这么晚啊，周末还上班，真不容易，算了，你忙吧。"

第二天晚上6点，江生给杨浩打电话："兄弟，我下班了，你搬家了吗？要不要我帮忙？"

杨浩："我搬完啦，感谢呀，等过两天家里都弄好了，你过来一块儿聚聚。"

江生运用拖延战术，让杨浩感觉他没有时间来帮自己搬家，但是晚上补打的电话又使杨浩感受到他的关心。这样一来，既拒绝了人，又不会伤感情。所以，在不想帮忙的时候，有时我们不必直接拒绝，只需要拖延一下，能达到更好的沟通效果。

（2）成本战术

除了可以用拖延战术，还可以尝试用成本战术，让对方寻求帮助的成本增高，转而寻求其他解决方式。

老王喜欢找朋友们借车，很多朋友都对他这一点十分头疼，不想借给他，又碍于情面不好一直拒绝。有一次，老王又向老刘借车，老刘不慌不忙地回复老王："王哥，借车没问题，明天可以过来取。对了，我的车快没油了，你可能需要先开去加油。"老王一听还要加油，觉得不划算，便找借口不借了。

　　这个方法尤其适用于拒绝一些总是爱贪小便宜的人。

2. 果断拒绝，别让不好意思害了你

对于有些人来说，拒绝别人已经是一件很难的事情了，更何况是果断拒绝，那更是难上加难。还有些人会思考：难道不是委婉拒绝别人会更好？是的，委婉拒绝确实是一种高情商的表现方式，并且我们在下一小节中有相关的介绍。但这并不代表果断拒绝就不好，也并不代表果断拒绝就是伤人。相反，有一些事情上，我们必须果断拒绝，否则也会使自己陷入困境。

必须要果断拒绝的事情有以下几种情况。

（1）违背法律的

违背法律、触犯法律的事情一定要严词拒绝。不论是多么熟悉的人要通过我们去做触犯法律的事情，都坚决不能同意。

比如，晚上跟朋友喝过酒之后，朋友说："这么近，就几百米，别叫代驾了，我给你开回去。"酒后驾车触犯法律，害人害己，一定要果断拒绝。

你可以这样回复："那可不行，这事不能干，这是犯法的。当然也正因为这么近，请代驾也很便宜。等代驾的时候咱俩还能多聊一会儿啊。"

（2）触犯隐私的

当代社会中，隐私权越来越受重视，每个人都希望有自己的私人空间，也总有些事情我们不想跟别人说，这是我们自认为为自己留下的一个可以让自己放松休息的地方。所以当别人触犯我们的隐

私的时候，我们要果断拒绝，没有谁可以侵犯我们自己的世界。

比如，朋友跟你说："认识这么久了，还没去你家看过，要不哪天去你家玩玩？"朋友这样表达当然只是出于友好，但是并不是每一个人都喜欢别人来自己家里做客的。如果你不希望朋友来，你可以这样回复："说的也是，不过我不太喜欢在家里聚会，除了家人，再好的朋友我也不会邀请到家里，因为我比较在乎整洁。希望你能理解呀。我们还是在外面一起聚会吧。"

（3）在工作中超出权限的

在工作中超出自己职能权限的要求要果断拒绝，切忌大包大揽。超出职位权限的事情，是我们无法掌控的事情，不论关系多么好的朋友、同事，当他们请求帮助且请求事项超出我们现在的职业权限时，我们都要果断拒绝。

当出现这类情况时，我们可以这样回复："老王，我听懂了，你这个事我还真帮不上忙，这是我们上级的权限，之前也有人越过他直接做，然后就被通报批评了。我这边实在是搞不定。要不然，你试试直接问我们领导？"

果断拒绝并没有那么可怕，相反，能够果断拒绝他人的不合理要求的人，往往会给别人一种很有原则的感觉。

3. 高情商拒绝，掌握人生主动权

有的人随随便便说句话都能打动别人，拒绝他人也能做到游刃有余。那要如何才能像这些高情商人士一样，将拒绝表达得恰到好处呢？有3个技巧可以采用。

（1）抢先一步

王高约马小北出来吃饭。马小北知道王高正在应付一个特别难搞的客户，而这次约饭肯定是有求于自己。但马小北自知无法帮忙，又没法直接拒绝。于是两人见面后，正当王高准备提起此事时，马小北抢先一步说："咱们这么久没见了，今天不聊工作，只忆往昔。"王高一听这话，也不好意思开口了。

马小北用了"抢先一步"的方法，在王高说出请求之前，抢先一步把话说了，王高也就不好再开口了。要注意的是，要想用好"抢先一步"这一招，一定要准确了解对方的想法，否则若是猜错了，可能就会适得其反。同时，在使用这个方法时，也要注意语气中带有亲和力和幽默感，不要说得太生硬，以免让对方觉得尴尬。

（2）转移话题

在工作和生活当中，我们难免会遇到一些不想回答的问题，为了摆脱追问，最常用和最好用的方式就是"转移话题"。

苏水和李贝是同一个办公室的同事，苏水性格大大咧咧，很喜欢问别人一些私人问题。李贝不愿意回答，但又不想破坏两人的感情。于是，她选择采用转移话题这个技巧来应对苏水。

苏水："贝贝，认识这么久了，你都没说过你有没有男朋友，你是不是单身呀？"

李贝："哎，你还记得上次开会王总说的那件事吗？"

苏水："啊？什么事？"

这样转移话题，就可以很好地回避对方的问题。如果对方又追问，那就再转移一个话题，直到成功分散对方的注意力为止。

（3）反问问题

除了转移话题之外，还有一个方法跟转移话题比较相似，但是又有不同之处，就是针对对方的问题再反问一个问题，这样就能将对方的关注点引导到其他问题上了。

著名作家萧伯纳因为颈椎骨出了问题，需要做一个手术。手术之后，医生想从萧伯纳这里捞一点好处，于是说道："萧伯纳先生，我可是第一次做这样高难度的手术，并且这么成功呀！"

萧伯纳听出了医生的言外之意，便笑着回复医生说："那您简直太厉害了！医院打算付给我多少试验费呢？我可是你第一个这类手术成功的患者呀！"

医生顿时不知道说什么了，自然也就不好意思再提要求了。

萧伯纳巧妙地运用了反问问题——"医院打算付给我多少试验费呢"，成功地在无形中拒绝了医生。当遇到不想回答的问题时，我们可以直接反问对方："你为什么这么问呢？""你为什么想知道呢？"抛给对方一个问题，让对方回答，从而在无形中拒绝他。

11 ｜ 会拒绝：拒绝熟人不伤感情

大多数人不太会拒绝熟人，担心拒绝后会导致关系破裂。但真正导致关系破裂的并非是拒绝本身，而是拒绝过于生硬导致了对方的不满。如果我们能做到情感同频，那么就能体面而不伤感情地拒绝他人。

1. 熟人借钱，怎么拒绝才能不伤感情

小青因为公司经营的问题，资金暂时周转不灵，于是只能找朋友借钱。

朋友甲："青，我最近真的很困难，要不你去问问乙，看看他能不能帮你？"

朋友乙："你不早说啊？我两天前刚刚把钱借出去，现在没钱了，你问问别人吧。"

朋友丙："我的钱都在股市里套着，如果股市涨起来，或许我还能借给你。"

　　小青很难过，曾经的朋友在这个时候居然都置身事外，不肯帮忙。不过小青还是继续打电话给朋友刘姐。

　　朋友刘姐："实在对不起啊小青，我家孩子最近结婚，我花了不少钱，手里确实没有什么钱了。我知道你一定是遇到困难了，才会跟我张口借钱，但我这次可能帮不到你了。不过，我听我孩子说，用什么软件可以进行贷款，那些你有没有试试？不行的话，姐再给你想想办法。"

　　虽然没有找刘姐借到钱，但是小青心里还是暖暖的。过了一段时间，小青摆脱了经济危机，十分郑重地登门答谢了刘姐，并且将其视为自己最重要的朋友，而和朋友甲、乙、丙就没有再过多的往来了。

　　为什么最后小青对同样没有借给自己钱的人态度完全不一样？俗话说得好：患难见真情。同样是借钱，朋友甲、乙、丙的回复难免有些冷漠。而朋友刘姐虽然也没有借钱给小青，但是给了小青很多温暖，让小青感受到，虽然钱没借到，但是友情还在，以后还可以交往。

　　所以，当遇到熟人借钱时，我们一定要照顾对方的感受，要耐心地听对方的借钱理由，态度要平和，要从对方的角度思考问题，如果自己无法借钱给他，那么可以给出一个解决方案。解决方案是否能够实现都不重要，重要的是让对方感受到我们是替他着想的。

2. 同事请你帮忙，如何拒绝不影响关系

职场上有很多"便利贴"员工，是指那些对同事的要求来者不拒的员工，比如经常帮同事买咖啡，打扫卫生，处理自己分外的工作，等等。

我们在工作中难免会遇到同事让我们帮忙的情况，尤其是当我们初来公司的时候。如果在自己的事情处理完而又有时间的情况下，我们适当地对同事进行帮助，同事可能将此视为我们是在建立"情感银行"。但如果我们自己的事情都没有处理完，忙得不可开交，却又因不好意思拒绝同事而帮忙，那我们就容易变成"便利贴"员工。结果很可能就是我们自己的工作没做好，甚至也得不到同事的感谢。

那这种情况下，我们怎样拒绝同事会更好呢？可以尝试以下4种方式。

（1）以上级布置任务为理由

我们可以以上级领导给我们布置任务为借口，告知对方我们要处理更紧急、更重要的事情。

你可以尝试这样说：

"今天没法帮你了，主管给我安排了一个紧急工作，我先不跟你说了，我要去开会。"

（2）以短时间内无法完成为理由

我们也可以以短时间内没办法完成为理由，并且告知对方紧急

性，然后给对方一个小建议。

你可以尝试这样说：

"我这段时间有 5 个项目要同时推行，实在没时间，你这件事着急不着急？不着急的话，5 天后我帮你，你看行不行？你要是着急的话，就再问问别人。"

（3）以自己不擅长，处理不了这件事情为理由

有很多时候，别人找我们帮忙的事情我们其实并不擅长，这时，千万不要硬着头皮答应，否则做不好还会"帮倒忙"。这种情况下，实事求是地直接拒绝，反而才是不耽误事情的最好方法。

你可以尝试这样说：

"虽然我也想帮你，但是这件事情我确实不擅长，也没有处理过类似事情的经验，你需要找更专业的人来干这件事。"

（4）巧妙地转移事情

采用转移事情的方式，提醒对方"我现在很忙"。

你可以尝试这样表达：

"看到你我想起来一件事，前几天王主管说过这几天要给你安排一个项目，这事你知道吗？你做个心理准备。我现在正好也要去处理相关的事项，先走一步了。"

3. 朋友托你办事，如何拒绝不伤情分

相对于拒绝朋友借钱和同事帮忙而言，拒绝朋友办事可能会更难一些。

王春是一家公司的人力资源主管，有一次朋友老张约他吃饭。饭桌上，老张从包里拿出一份简历说："兄弟，之前从来没有拜托过你什么，今天想跟你商量商量，能不能把我儿子推荐到你的公司工作？我记得你上次说有个主管岗位还缺人，这是我儿子的简历，应该还挺合适的。这个忙你一定要帮啊。"

王春看了看老张儿子的简历，说："张哥，咱俩交情没问题，但是您儿子这才刚毕业，肯定做不了管理。这忙我实在帮不了啊。"老张听了很不开心，从此两人也很少来往了。

王春的回答虽然是事实，但过于直接，很容易伤害到彼此的感情，尤其是在对方很要面子的情况下。那么，如何回答才能既不伤情分，又可以拒绝别人的要求呢？

（1）善用缓兵之计

类似王春遇到的这种情况，往往发生得比较突然，本来以为只是吃顿饭，结果对方突然提出一个要求，让人很难立刻想出一个好的回答。这个时候最好的应对方式就是不给确切的答案。既不当场答应也不当场拒绝，而是使用缓兵之计。比如在上述案例中，王春可以这样说："张哥，我看了您儿子的简历，小伙子还是很不错的。这样，虽然我是人事主管，管理公司一些人事部的事务，但是毕竟公司还是有公司的规矩。我周一回公司的时候跟大家商量一下，到时候再给你一个反馈。"

（2）虽然拒绝但是也要努力争取

用缓兵之计暂时缓解饭桌上立即回复的情况，只是为了争取更多的时间让我们思考如何回答。但最终我们还是要回复对方结果，注意不能只回复结果本身，一定要站在对方的角度替对方思考。在上述案例中，王春可以回复讨论结果："张哥，您儿子的事，我们今天刚刚开完会讨论过。这个岗位之前确实是缺人，但今天开会的时候这个岗位的部门经理跟我说已经找到了一个合适的人选，并且通过了面试，马上就要来上班了。当然，我也为您儿子争取了一下，看看有没有可能招聘两个，但是公司目前确实没有这个规划。如果真的喜欢我们公司，可以让您儿子考虑一下我们公司的其他岗位。销售部和行政部这边也缺人，您要不要考虑一下？"

这样的回答既讲清楚了事实，又表达了作为朋友的关心，不会太伤感情。

12 ｜拒绝劝酒：不喝酒也能合作共赢

请客吃饭向来都是交流感情、促进关系甚至是达成合作的一种常用方式。几乎所有人都会在职场上遇到酒桌敬酒的场景，日常生活中的饭局还可以推脱，朋友之间一般也不会因此伤害感情，但是工作场合就不同了，我们常会遇到自己不想喝而客户一直劝酒的情况。如何拒绝喝酒同时又不影响公司和客户的利益，成了职场热议的话题之一。

1. 不能喝酒，饭局上应该怎么办

在酒桌上，客户明明知道双方是来谈生意的，却开始打起了"太极"，说："来，不着急，咱先喝酒，再谈生意！"如果遇到这样的情况，应该怎么破局？

（1）团结就是力量

如果真的不能喝酒，可以事先跟身边可以喝酒的同事商量一下，寻求他们的帮助，这样如果客户提出先喝酒的要求，同事可以帮忙喝。

（2）提前立规矩

在开席之前，我们可以先说："十分感谢王总千里迢迢来到我们公司进行指导。今天您一定要吃得尽兴，我给大家做好服务。因为我酒精过敏，所以就以茶代酒了，让我们其他的同事陪您喝。"在客户提出要求之前，提前告知客户自己不能喝酒的事情，并且安排其他同事陪同，把规矩立好，避免尴尬。

（3）立场坚定

有一点必须注意，如果不喝酒，就立场坚定地说不喝酒，不能说"我少喝点"。因为只要喝了，通常就不存在少喝多喝的问题了。对客户来说，能不能喝是客观身体因素，而少喝多喝就是态度问题。在立场坚定的前提下，再让其他同事进行帮助，只要让客户觉得有面子、开心就可以了。

（4）借他人之意

运用夸奖的方式，借他人的话语给对方戴一顶高帽子，让对方不好意思再坚持要求我们喝酒。可以尝试这样说："刘总，经常听其他领导和同事提起您，说您是一个在事业上很有影响力并且情商特别高的人，今天见到您我特别开心。但是实在不好意思，我今天不能再喝了，身体已经开始不舒服了，我想您一定会体谅的。我以茶代酒，敬您一杯！"

这样戴高帽式的夸奖屡试不爽，几乎在大部分的场合中都可以使用。

2. 客户劝酒，如何委婉地拒绝

上文是不能喝酒如何拒酒，那如果可以喝酒，但是不想喝多，应当如何拒绝？最好的方法是别让自己"闲下来"，主动积极地为大家提供服务，营造自己的参与感，转移劝酒人的注意力。

潘宁以前是"酒场老手"，后来由于身体原因不能再多喝了。但是每次聚会，不管是朋友还是客户，因为已经知道他能喝酒了，所以总是对他劝酒。为了解决这个问题，潘宁想了一个办法。每次去吃饭，不论是公司的还是私人的饭局，他都带好一套茶具和一些好酒，然后提前到酒店将自己的精美茶具摆上。到了开席的时候，他拿出自己带的好酒，热情地为大家倒酒，自己则喝茶。大家的注意力都在他为大家带酒的贴心上，就不会在乎他是否喝酒了。久而久之，大家已经习惯了只喝茶的潘宁，对他有了全新的印象。

如果遇到不是经常见面的客户，还有几种方法可以帮我们委婉拒酒。

（1）如果你已经结婚的话，可以说最近在备孕，已经和另一半约定好了怀孕之前不能喝酒。此外，你还要客气地表达对客户的盛情的感谢，以及实在有原因不能喝酒的歉意。

（2）可以说最近刚体检，医生建议 3 个月内不喝酒，调理一下身体。一般这种情况下，就不会有人再继续劝酒了。

（3）装作不胜酒力或者说自己酒精过敏，这种情况可能需要你少喝一点，喝了之后过几分钟就去厕所，然后回来说自己吐了或者过敏了，不能再喝了。

别人劝酒通常只是一时兴起，不是非让你喝酒不可，所以当你以正当的理由委婉拒绝之后，对方通常不会纠缠不放。

3. 领导劝酒，如何巧妙地拒绝

一次团队聚餐，领导在饭桌上劝酒，其他同事都喝了，但小张因为感冒没有喝酒，全程以茶代酒，领导对此表示不满意。第二天，小张就被领导叫去了办公室，还被责备了一顿。

像小张这样的情况，在职场当中也时有发生，有不少人因为拒绝喝酒而不受领导重视。其实，拒酒本身没有问题，通常都是拒酒的方式出了问题。怎样才能够在拒酒的同时维护双方的感情呢？

（1）表达歉意

首先要主动，不要等领导要求我们喝酒的时候才想起来拒绝，这样会显得很被动。要先领导一步拿起酒杯，给领导敬酒，在敬酒的过程中真诚地表达歉意，可以这样说："王总，我敬您一杯。其实，我今天重感冒，早上非常难受，吃了好多药，不能喝酒。我就以茶代酒敬您一杯，希望您谅解。"

（2）表达赞美

不要忘记在拒酒的话语中暗含对领导的赞美，如果领导开心了，也就不会计较我们不喝酒的事情了。可以尝试这样说："都说王总酒量过人，今天我终于是见识到了，看您这个酒量，我们这一桌子人加起来都喝不过。没想到王总您不仅能力超群，酒量也是超群。我是自愧不如，从小酒精过敏，滴酒不沾，只能以茶代酒，敬您一杯。"

（3）善用自嘲

自嘲是我们最好的保护伞，在上一章节中我们也讲了很多自嘲的方法，这些方法在酒桌上同样适用。敬酒的时候，我们可以通过"贬低自己，抬高别人"来拒绝别人的刁难。

酒桌上自嘲可以这样说："王总好，这些天我一直在赶书稿，确实不能喝酒，我相信王总一定理解我，毕竟我肚子里的墨水就那么点儿，再喝酒，墨水稀释了可就真的写不出来啥了。我以茶代酒敬您一杯，感谢您不计较我这所谓的文人墨客的'臭毛病'！"

Part5

会表达：所谓情商高，就是会说话

随着经济的迅猛发展，人与人之间的交往越来越密切，表达能力的重要性日渐提升，是公认的现代人的必备素养之一。我们不仅要有自己的见解，还要将它表达出来，让大家明白、理解，各行各业都需要我们拥有良好的表达能力。

未来社会最重要的资产是影响力，而表达力是影响力的重要组成部分，如果我们在职场中只知道苦练专业技能，而忽视了表达能力的提升，那便很容易让自己的工作成果遭到忽视。

即使在日常生活中，会表达的人可以把一个普通的话题讲得引人入胜，而一个不会表达的人，即使讲话的内容很好，也很容易让人听不下去。表达能力能帮助我们驾驭人生，改变生活，是通往成功的必要途径。

在不同阶段，我们对表达能力的需求也不一样，但它却是我们需要用一生不断精进的技能。

本章通过职场表达、生活表达和表达逻辑 3 个方面来帮助我们学习更好的表达方式，让我们的情商得以提高，让我们在职场中更受领导器重，在生活中拥有更顺畅的人际交往。

"纸上得来终觉浅，绝知此事要躬行。"只看书是很难学会表达的，我们更需要在日常生活中有意识地训练自身的表达能力，比如我们和他人说话聊天，以及微信聊天中的打字输入，都是表达的形式，我们可以借这些机会，更好地去锻炼应用本章的表达方法。

13 ｜职场中这样表达，更受领导赏识

阿普在《山大王》中说过："人类天生就是这样的，只要你说话的时候神气十足像个主宰者，就有人服从你。"

有很多人会认为，在职场中只要工作做得好，就一定会被认可，从某种程度来说，确实是这样。但现代社会对职场人士的要求越来越高，单单只是做好工作是不够的，我们还需要用很多方式将自己的工作能力呈现出来。最直接的方式就是表达，比如令很多人都头疼的月度工作汇报，再比如找工作时的面试，甚至平时在工作场合中和同事们的聊天说话，都是体现我们工作能力的时刻。作为职场人，我们一定要学会更好地表达自己的想法，让工作汇报更高效，沟通交流更顺畅。

1. 表达能力好，可以获得更多职场机会

毛遂自荐的故事相信大家一定都不陌生，毛遂正是通过卓越的表达能力，获得了领导的信任，从而给自己赢得了更多机会。

毛遂在平原君门下 3 年，一直没有机会施展自己。一次，秦国大举进攻赵国，情况危急。赵王派平原君向楚国求救。平原君决定挑选出 20 名智慧过人的门客随同前往，可最后只选出 19 个人，还差一个人。这时，毛遂主动站了出来说："我愿随平原君前往楚国。"

平原君一开始并不相信毛遂，说："贤能的人在世界上，就好比锥子处在囊中，它的尖梢立即就会显现出来。如今，先生已来了 3 年，我却对您没有任何印象，这是因为先生没有什么才能啊。所以先生不能一道前往，请留下！"

毛遂坚定地说："我不过是今天才请求进到囊中罢了。要是我早就处在囊中的话，就会像锥子那样，把整个锋芒都露出来，不仅是尖梢露出来而已。"

平原君听后，觉得毛遂说得有道理，于是便让他随自己去楚国。最终，毛遂凭一己之力劝说楚王出兵救援，得到了平原君的认同和重用。

表达能力好的人在关键时刻只凭借自己的口才就能抵过千军万马！这主要是因为表达能力好的人更容易被别人看见。

刘一和王小是同一家公司的职员，两个人都在这家公司工作了 3 年，而且工作业绩优异。这次，部门内部需要提拔一个主管，于是领导安排他们两个人进行面试选拔。

面试当天，刘一因为紧张，全程面红耳赤，准备好的稿子都说得结结巴巴，更别说回答领导的问题了。这个表现令领导十分失望。而王小正好相反，整个面试过程中他侃侃而谈，落落大方。面对领导的问题他也不慌不忙，对答如流。

最后的结果可想而知，王小做了部门的主管。

在做基层员工的时候，很多人会认为自己只要做好本职工作就可以了，往往忽略了表达的重要性。而一旦有升职的机会，就意味着自己在未来一定会面对开会、汇报、述职、上下级沟通等一系列表达问题。这其实是岗位特性本身发生了变化，管理者不再只做具体业务的工作，更多是做管理的工作。而管理一定离不开说话表达。

表达能力好的人有多吃香？通过表达，人能够更好地表现自己的能力，获得更多的职场机会，甚至升职加薪都能快人一步。

2. 记住 3 句话，搞定职场即兴表达

其实，职场当中的表现机会非常多，但有的时候并不起眼，就容易被很多人忽略。比如，开会的时候，领导可能经常会对员工进行提问，让员工进行一个即兴发言。这个时候就是凸显自己表达能力的最佳时刻，也是一个展现自己的好机会。但很多员工都惧怕这样的即兴表达，于是错过了很多机会。

黄兰是公司的中层管理者，有一次领导叫黄兰跟自己一起去参加一场高管会议，黄兰很开心，因为这次会议可以见到公司所有的核心人物。于是，她抱着谦虚好学的态度跟老板去参加了会议。没想到，在会议的最后，大老板突然要求在场的每一位员工都发表一下自己针对这次会议的看法和观点，并让黄兰第一个发言。黄兰第

一次在这么多大领导面前发言，很是紧张，脑子一片空白，最后只是弱弱地说了句"特别好"，就结束了这一次发言。

之后，领导再也没有带她参加过类似的会议，而黄兰因为这次临时发言没有发挥好，而错失了一次彰显自我的机会。

像黄兰这样的情况其实并不少见，在公司会议上，这种临时性的发言多多少少都会让人感到困扰，但表现好了也会带来更多的机会。那我们应该如何搞定即兴发言呢？只需要记住这 3 句话，就可以在即兴发言上不掉链子。

第一句：不管是什么会议，只要是来开会，我就是来发言的！

第二句：领导叫我发言，我就微笑面对，大大方方地讲出来。

第三句：抓住领导讲话时的关键词和关键句，我就能表达好。

前两句其实都是心法，当大家有了这样的心态，一旦即兴发言来临，我们也不会太慌张。第三句是一个技巧，开会的时候只要认真听，就能够注意到领导讲话中的"金句"以及会议的要点，只需要选取一个要点词或者金句，我们就可以很好地进行即兴表达。

比如："感谢领导给我这次发言的机会，这次会议我印象最深刻的是王总提到的'矩阵'这个词。过去我们的产品线确实过于单一，但是我们也靠着单一的产品打下了市场的半边天。不过时代已经有了很大的变化，如果我们不考虑细分领域的矩阵，可能就真的要被甩在后面了，所以'矩阵'很重要。我觉得对我自己来说，这个词给我的感触最深了，谢谢大家。"

再比如："感谢刘总给我这个机会来谈谈自己的感受，刘总在会上有一句话令我印象特别深刻，也给了我很大的触动，这句话是：
'先完成，再完美。'以前的我一直追求完美，所以工作有时难免拖
拉，无形之中给自己增加了很多压力。之后我应该先完成一个 1.0，
再不断地迭代产品，这样才能更好地推动工作进展。感谢刘总的这
句话。谢谢大家。"

　　总而言之，只要记住这 3 句话，就可以搞定职场中大部分的即
兴表达场合。

三句话搞定职场即兴表达

不管什么会议，只要来开会，我就是来发言的

领导叫我发言，我就微笑面对，大大方方地讲出来

抓住领导讲话时的关键词和关键句，就能表达好

3. 掌握表达黄金公式，工作汇报很简单

如何汇报工作，相信是让很多职场人头疼的一个问题。学了很多方法，但是都没法做到融会贯通。工作汇报中我们究竟需要注意哪些问题呢？

（1）要清楚对方想听什么

要想知道对方想听什么，首先需要明确你的汇报对象是谁，然后了解他们的诉求是什么。不同层级的领导对工作的关注点也有所区别。部门领导可能更在意你的工作对部门有什么帮助，公司总负责人则更在意你的工作是否对公司整体有积极的促进作用。

（2）工作汇报的目的是什么

汇报工作或者沟通中经常会出现一个问题，就是表达不清晰，目的不明确。这时我们首先需要用一句话明确自己此次汇报的目的，因为如果连你自己都不清楚自己的汇报目的，别人又如何了解呢？

（3）汇报的内容有哪几点

汇报内容是重点，先列一下自己的汇报内容有哪几个方面，并且将汇报内容的要点和自己的目的进行匹配，尽量保证汇报内容都是为汇报目的服务的。比如你想通过工作汇报争取更多的资源支持，那么你就不能一味地夸自己的工作业绩，这就不是为此次的汇报目的服务了。

（4）汇报内容有逻辑

你所汇报的内容不能是杂乱无章的，或者把所有内容堆在一起

呈现给领导，而是应该用一定的逻辑将汇报内容组织起来，做到有条有理，形成逐渐递进的关系。

这4个注意事项比较具有实操性，适合指导绝大部分工作汇报的提前准备工作。要知道，一个优秀的职场人，不仅要工作能力强，还要口头汇报能力好。

陈磊是公司的一位业务骨干，业务做得很出色，但就是惧怕当众说话。年终汇报时，陈磊说了一堆废话，领导多次提示他说重点。但陈磊也不知道什么是重点，干脆就把一大堆数据直接放到了PPT上，然后照着读。多次这样后，领导们在一起讨论说："陈磊是公司的业务骨干啊，但也只能做业务了。"

像陈磊一样的人也并不少见。如果大家平时缺少机会来展现自己，那工作汇报就是大家一定要抓住的一个机会。这是一个5分钟以上的表达场景，并且领导们会安安静静地听你讲话。

工作汇报除了要做到上面的4个基本准备之外，有没有一种汇报方式能够既简洁又有重点呢？职场汇报可以分为以下黄金3步。

第一步：先说结果。

第二步：分条分点。

第三步：提炼关键句。

工作汇报一般都是一天到两天，而且每个人汇报的时间都不短，怎样表达才能够让领导看到我们的工作成果并且听起来不枯燥？那就是说领导所关心的话题。而领导最关心的就是结果，即这一年你的工作成果到底是什么。

所以，汇报的第一步，就是上来直接给出结果。你可以这样说："领导，销售一部完成了公司业绩指标，并且总体业绩跟去年相比提高了 1.5 倍。"当给出结果之后，我们也不要只讲过程，而是将内容有条理地来进行表达，比如："第一点，总体数据完全达标；第二点，人员结构基本完善；第三点，渠道资源需要更多的支持。"这样分成 3 点来进行逐点表达，并且每一点都不要说得过长，要提炼关键句，否则就不容易被领导记住。

14 | 生活中这样表达，瞬间提升情商

生活中的表达虽然没有那么正式，但是句句都能体现出一个人的表达素养。没有人会喜欢粗话连篇的人，所有人都喜欢真诚、轻松、愉快的表达。而具备这样表达能力的人，通常都会被人称赞情商高。有的时候，情商高低的体现只在一瞬间。

1.3 个注意事项，避免无效表达

（1）换位思考

有这样一个故事。

有个胸怀大志的年轻人要离开村子去远方闯荡。在临走之前，他去请教村里最有智慧的老人："您觉得世界上最容易的事情是什么？"

老人说："世界上最容易的事情就是说话，即便是小孩子都会说话。"

小伙子又问："那世界上最难的事情是什么？"

老人说："世界上最难的事情还是说话，即便是才高八斗的人也不一定能够把话说好。"

小伙子问了老人最后一个问题："那怎么说话才能说好？"

老人露出了慈祥的笑容说："很容易，管好自己的嘴，顾好他人的心。"

"管好自己的嘴，顾好他人的心"，老人的这句话告诉我们，在与人交往中，我们要学会考虑对方的感受，谨言慎行。高情商的人从来不会只想着自己，而一定会先想到别人。讲他人能够接受的话，用他人喜欢的方式表达，尊重他人的想法，才是真正的高情商。

比如有人说自己很胖，低情商的人可能会说："怎么胖成这样？赶紧减肥吧！"高情商的人可能会说："胖一点健康，说明胃口好呀，而健康比什么都重要。"本来对方就因为胖而感到难过，这时我们再去强调他的胖，只会让对方更加难受。而当我们从好的方面去对"胖"进行解读，或许能让对方开心起来。

（2）懂得倾听

有的时候倾听比表达更能体现一个人的情商。

美国知名主持人林克莱特，有一天采访一位小朋友。

主持人："你长大以后想做什么？"

小朋友："我肯定要当飞行员！"

主持人："那如果有一天飞机在天空中出事故了，你会怎么办？"

小朋友："我会冷静地告诉每一位乘客和工作人员，请系好安全带，然后我再带着降落伞跳下去。"

这个时候，现场的观众哄堂大笑，只有主持人静静地注视着这个孩子。

主持人："你为什么要走？"

小朋友："我要去拿燃料啊，要去找人来维修啊。我会回来的，带着很多人回来！"

观众都觉得孩子只想自己逃走而对别人不管不顾，所以才会发笑。只有主持人保持倾听的姿态，问出了孩子这么做的原因，并且原因出乎所有观众的意料。我们在生活当中也会遇到这样的事情，在别人话还没有讲完的时候，我们就提前做出了评判，但其实对方心里并不一定就是这样想的。倾听是高级的对话，更能带领我们找到真实的答案。

在一些心理咨询的过程中，心理咨询师需要做的可能仅仅就是倾听，然后进行简单的回应即可，比如"嗯""啊""是"等。在心理咨询师认真听完来访者的倾诉之后，来访者常常表示自己已经有所好转了。这就是倾听的力量。

有很多时候，别人并不是真的需要我们的建议和分析，而只是需要一个善于倾听的伙伴而已。

（3）保持情绪平稳

我们在日常生活当中会遇到形形色色的人，经历各种各样的事情，产生各种各样的情绪。好的情绪状态通常会带来好的结果，同理，坏情绪往往只会坏事。而情商高的人常常能够在交流过程中保持稳定情绪，并且还懂得安抚他人的情绪。

心理学中有一个 12 秒定律，是指一个人的情绪最多只会持续 12 秒，愤怒也不例外。根据这个定律，当我们有愤怒情绪的时候，我们最多只会在 12 秒的时间里感觉到火冒三丈，甚至说一些过激的话语。12 秒一过，我们可能就会觉得自己刚才没有必要发那么大脾气。所以当我们即将爆发负面情绪的时候，只要控制好这 12 秒钟就可以了。

蒋希深谙 12 秒定律，有一次和妻子争吵，就在妻子快要生气的时候，他说："老婆，先别生气。你先坐下，我给你倒杯水。"等蒋希倒完水，妻子的怒气基本已经消失了。

人的情绪与肢体状态也有很大的关系，躺着的时候很难突然愤怒，要愤怒的时候往往会站起来。蒋希很懂这个道理，他马上让妻子坐下，妻子的愤怒情绪就缓解了一半，再加上他给妻子倒水的时间也有十几秒钟，等他倒完水后妻子基本就已经平静下来了，不会像之前那样大吼大叫了。

一般人看到对方愤怒之后，要么战斗，要么逃跑，而情商高的人善于运用策略把控对方的情绪发展过程。在 12 秒钟内控制住情绪，就可以相对理性地进行交流。

2.5 种表达方式，任何时候都让你情商爆表

高情商表达是有方法可循的，5 种表达方式，能让你在任何时候都情商爆表。

（1）不给出绝对答案

在职场当中，我们可能会遇到一些敏感问题，比如："你觉得王主管和李主管哪一个能力更强一些？"这种问题说谁更好都不行。面对这样的问题时，我们不要给出绝对的答案，也就是不要直接回答。你可以尝试这样说："王主管和李主管的能力都不错，各有优点，都值得我们学习。"

这样不给绝对答案的表达，既能够回答对方的问题，也能够避免以后不必要的误会和麻烦。

（2）把对方"拉"过来

在职场中，我们可能会遇到喜欢挖苦别人的人。比如，有些不友好的同事可能会说："我真的是不明白，咱们公司为什么还能将你这样的人留下来。"在听到这种表达的时候，我们不必难过，也不必愤怒，只需要把对方"拉"过来，让对方与我们处在同一环境中，这样就可以缓解这种尴尬了。你可以这样说："可不是吗，这说明咱们公司特别好，能够让你我这样的人不下岗，有工作。"

（3）不否定任何人

王民刚毕业去找工作，参加了一次面试，面试官同时面试了3个人。最后问了3个人同一个问题："你们认为你们3个人的自我介绍中哪一个人表现最优秀，哪一个最差？"3个人都瞠目结舌，回答自己表现最好和别人表现最好的都没有通过面试。

面对这样的问题，怎样回答更好呢？首先，在回答这类问题的时候有一个原则：不否定任何一个人。简单来说，就是不过于谦虚也不要太浮夸，就事论事地表达自己看到的事实。你可以尝试这样说："我觉得在刚才我们 3 位的自我介绍当中，每一个人都有各自的优势。比如第一位，他的表达优势是语言流畅，表达清晰。第二位的优势是他的介绍内容准备得比较全面。而我的表达优势是重点比较突出，很快就能够让面试官知道重点在哪里。所以，从不同方面来说，我们每一个人都有优势。"

不论是在面试，还是在职场沟通中，有时候大家的交流不一定是为了寻求一个确定的答案，更多情况下是考验一个人的情商。情商高的人总能面面俱到，既不得罪别人也不贬低自己，这样的表达才能让别人觉得高级。

（4）将负面变为正面

在人际交往的过程中，总有一些人说话办事的风格给我们不舒服的感觉。同理，有的时候我们的语言表达太过于直接，也容易伤害到彼此。比如有一些用词就很容易让别人不开心，如"你很讨厌""你很烦人""你真傻""你不行"等。当我们的内心想说这些话语的时候，不如换一个方式表达，将这些负面的词旋转 180 度，换成正面的词汇。这样可以既不伤人，又能给出合适的反应。你可以尝试这么说。

把"呵呵"改成"你的想法真有意思"。

把"你真烦人"改成"你好活泼啊"。

把"你真讨厌"改成"你开心就好"。

把"你不行"改成"你再尝试一下"。

把"你太傻了"改成"你的想法和别人不同"。

（5）用赞美化解危机

在第二章中大家已经感受到赞美的魔力了，会赞美的人往往可以顺利化解危机。当我们遇到一些尴尬的场景，比如自己无心说出的一句话："小刘这个人估计很难被领导提拔了。"当这句话被传到当事人小刘耳中时，我们不必尝试去解释，而是从他人的角度把事情合理化。我们可以尝试这样说："因为小刘太能够胜任自己的岗位了，他是专业的技术性人才，如果他被提拔了，很难找到接替他现在岗位的人。"

这样的表达方式既没有推翻自己说过的话，也巧妙地通过赞美他人能力的方式挽救了局面。

3. 换一个字，表达效果截然不同

我们常会觉得情商高的人特别会照顾别人的情绪和理解别人的感受。其实，要做到这一点并不难，很多时候改变我们表达中的一个字，就可以迅速提高表达效果。

有很多人在表达的过程中，倾向于使用"我"字。当我们在表达个人观点的时候，用"我"字很正常，特别是在一些当众演讲、当众发言的场合中，适合以"我"为主体进行个人思想的传递，这也是一种说服他人的过程。

私下沟通则不然，就像之前网上很火的一句话："我不要你觉得，我只要我觉得。"我们生活中就有很多人喜欢说"我认为""我建议""我觉得"，但实际上这样的表达会让人有距离感，显得说话者特别以自我为中心。如果我们更多地使用一些"你觉得呢""你怎么看""你的意见是什么"这样的表达方式，就更容易被别人接受。换而言之，情商高的人都是很好的倾听者和话题引导者。

有一次，王柳因为工作不顺心去找于洪聊天。

王柳："我想离职了。我工作了 5 年，既没有加薪也没有升职。

前两天有一个比我进来晚的人成了我的领导。我觉得挺丢人的，我干不下去了。"

于洪："那你觉得升职的那位同事为什么会被领导提拔起来呢？"

王柳："他虽然来公司比我晚一些，但确实有一些值得欣赏的地方，比如，他的沟通能力比较好，还有他遇到一些事情时会很积极主动地去处理。但是，我也有我的优势呀，我工作的时间比较长，工作期间没有出过任何的差错。而且这次升职竞聘的事情我根本不知情，只是最后大家告诉我已经评选完毕了。"

于洪："我认为你是一个很善于发现别人优点和自己优点的人。所以你生气的原因是你不知道升职竞聘流程，和这位同事是否当你的领导没有很大的关系对吧？"

王柳："是的，我平时和公司的同事沟通比较少，这些消息总是很晚才知道。"

于洪："所以，你可以怎么做呢？"

王柳："我应该多熟悉公司的规则，跟领导、同事多打交道，这样下次还有机会。"

王柳说完后自己就明白以后应该怎么做了，于是继续开心地回去上班了。

于洪全程都在深度倾听王柳的需求，引导王柳自己回答，并且运用"你觉得""你可以怎么做"这样的话语，引导王柳想明白事情发生的原因和以后可以怎么做，成功帮助王柳解决了当时的问题。

同时，于洪也善于用"我认为"来表达对王柳的赞美，认为王柳善于发现自己和他人的优点，这样的话语比较好地促进了双方的关系，让王柳更愿意多说一点。

　　总结来看，情商高的人多用"你"来寻求建议、引导需求，多用"我"来表达赞美、促进关系。

15 ｜告别语无伦次，表达清晰有逻辑

语无伦次是很多人在表达的过程中都会出现的现象，甚至有一些人本来有表达欲，但总是词不达意、思路混乱，自己都不知道自己说了些什么，因此大受打击，干脆不想表达了。实际上，语无伦次虽然让人抓狂，但也并非是什么"不治之症"，你只需要在表达的过程中，掌握一定的方法和技巧，多加练习，就可以慢慢改变之前混乱的表达方式，进行有条理、有逻辑的顺畅表达。

1. 运用数字，表达清晰有条理

明明酝酿已久的想法和建议，一出口就变了味，这是很多职场人士在工作总结和汇报中会出现的情况。不论有没有做充分的准备，说话的时候有一定的条理顺序，让别人听得明白，是正确表达的基本要求。要做到有逻辑、有条理地进行表达并不难，只需要在我们的话里插入简单的数字就可以产生惊人的效果。

通过观察，我们可以发现，很多会说话的人都善于用数字来梳

理逻辑。他们喜欢运用第一点、第二点、第三点这样的表达方式，不仅别人听得很清楚，说话者自己也能更好地把握思路。

在进行工作汇报时，尤其需要注意逻辑清晰、有条理，虽然丰富的内容是我们汇报的优势，但表述不好也很容易成为一种劣势。因为大家都不愿意听一堆工作细节，而是喜欢关注重点内容，所以做工作汇报时最好把汇报内容划分成几个方面进行有条理的阐述，控制在5分钟左右，这样才能更好地让别人接收到信息。

比如你可以这样说："今天不会占用大家太多时间，只跟大家汇报3点内容，第一点……第二点……第三点……"用四五分钟讲完重点内容，并且思路清晰，这样领导和同事也能更好地了解你的工作成果，给他们留下一个好的印象。

运用数字进行表达的方式，其实是一种按顺序、有逻辑的表达方式。不管我们遇到多么复杂的内容，提炼成1、2、3点就可以了，这适用于大部分正式场合的表达。

2. 先说结果，表达精准有重点

职场中很多人向领导汇报工作时，总是先说一大堆细节内容，迟迟不提领导最关心的重点。这样的汇报既显得没有效率，还可能会让领导误以为员工态度不认真。

怎样表达才能够突出重点呢？其实方法很简单，那就是直接告诉对方结果。大家可以看一下小王在一次汇报中的表现："老板好，我来汇报一下接下来的会议安排。张经理说他明天没时间参与，小胡说他下午可以，齐总说他后天早上才能回到公司。会议室明天也没有地方，其他人还有没回复我，您看咱们的会议改在周四下午3点开始行吗？"

假如你作为领导，你听到小王这样的汇报会满意吗？很显然，小王开始的一通表达很难让别人知道他到底要说什么。其实他想传达的就是会议时间更改了这件事情，但他迟迟没有说重点，就显得很啰唆，只要改一改汇报顺序就能大不相同。

"老板，我来汇报一下明天会议的事情。您看，明天的会议改到周四的下午3点是否可以？因为齐总后天早上才能回到公司，张经理明天没有时间参与，小胡明天下午才可以参与，而且会议室周四下午才有空，所以，周四下午3点的时间比较合适，您看行吗？"

这次，小王的汇报是不是把重点突出了许多？如果领导非常忙，后面的解释都可以不听，直接听开头所说的结果就可以了。这样简单高效的表达方式，才是领导喜欢的。

除了沟通效率问题，如果不先说结果，还容易让别人的理解和我们想要表达的内容产生偏差。

一个朋友跟我讲起一件事情："我朋友把自己的车挂在网上卖，他非常担心自己的车卖不上好价钱，因为他的车之前出过一次大事故。在网上挂了几天，好几个买家来看，因为看出车出过事故，所以价格压得很低。但是几天后，他的车竟然以高价卖出去了，原来是因为有个买主没有看出车经历过大事故，对车很满意，就高价买走了。"

我当时听完说:"他怎么这么走运,这么大的问题都没有被看出来!"结果,朋友惊讶地反驳说:"我想说的是他隐瞒实情啊,一点儿也不诚信。"

很多时候,我们之所以会出现理解上的偏差,并不一定是价值观的问题,而是因为每个人的关注点都不同。如果说话者在开始表达时就明确重点,引导听的一方关注自己的观点。比如,上述案例中,如果这个朋友一开始先跟我说:"我有个朋友隐瞒实情,我觉得他不太正直了。"然后再讲后面的故事,并且讲故事的过程中,需要多体现那个人隐瞒事实的做法,这样我就能轻松听出朋友要表达的重点了。

记住,不论是在生活还是在工作中,先说结果或者表达自己的观点,才能够做到表达有重点。

3.8 个练习方法,培养良好的表达习惯

良好的表达实际上是由多维度组成的,就好像我们这本书从5 个维度来帮助大家提升自己的表达能力。在我们做到了"敢开口""会赞美""会幽默""会拒绝""会表达"之后,还会有其他一些要求,比如,口齿清晰,声音好听,公开讲话台风稳,等等。这最后一小节,我将分享 8 种练习方法来帮助大家更进一步地提升自己的表达能力。

（1）每天练习 10 分钟绕口令，让我们口齿清晰，表达流畅，还能训练普通话。

（2）每天朗读 15 分钟文章，训练自己的语音、语调，培养语感，增加词汇量。

（3）每天录制一个短视频，讲清楚一件事情，训练自己讲故事的能力。

（4）只要有上台讲话的机会，就主动上台展现自我。

（5）多读书，做读书笔记的同时，与身边人分享。

（6）多观看说话类节目，营造好的说话气氛。

（7）说话时，换位思考，想想对方想什么，有针对性地进行表达。

（8）随时随地给自己出题，锻炼即兴表达思维。

雅典演讲家狄里斯有天生的声音缺陷，他的声音低沉、呼吸短促，导致自己口齿不清，别人总是听不清他在说什么。在狄里斯生活的那个时期，政治纠纷严重，于是沟通和表达能力好的人格外受人尊敬。

狄里斯虽然知识渊博，但是表达能力并不好，一次演讲的失败，让他深刻明白表达能力有多么重要。于是他更加努力地训练自己的表达能力，在海边放声呐喊，在家对着镜子练习口型和发声。坚持了好几年之后，他终于在一次演讲上大获成功，从此成为一名著名的演讲家。

狄里斯的故事告诉我们，好的沟通和表达能力只有通过不断的练习才能获得成功。不要放过每一次当众讲话的机会，因为不管我们通过看书学习到了多少说话技巧，若不去练习的话，我们都无法在沟通表达方面迅速取得巨大的进步。

　　因此，提升沟通能力的前提是要先敢开口，然后你就可以用学到的技巧去不断进行练习啦！